河南省哲学社会科学规划项目2017BTY005研究成果

体育社会组织创新发展路径研究

田宝山　田熵甲　著

U0735601

中国水利水电出版社
www.waterpub.com.cn
·北京·

内 容 提 要

体育社会组织是一种特殊的社会组织形式，是一种促进人生命价值释放的教育存在，还是一种潜藏着深刻的教育价值的生命存在，大力发展体育社会组织是我国深化改革的必然要求。通过对我国体育社会组织现状及发展进行分析，独立性、自主性、公益性、实体化、合法化及规范化是我国体育社会组织发展的趋势。我国现阶段体育社会组织的发展主要面临去行政化挑战、公益性和非营利性难题，以及合法性的问题。由此提出，法治是体育社会组织发展的保障，自治是体育社会组织发展的根本，多元化收入来源是体育社会组织发展的基础。

本书从我国体育社会组织的发展现状及现实需求出发，结合国内外体育社会组织的理论与实践，对体育社会组织建设与管理的有关理论与实践进行了系统、全面的梳理。

图书在版编目（CIP）数据

体育社会组织创新发展路径研究 / 田宝山，田燏甲著. -- 北京 : 中国水利水电出版社，2019.6（2025.4重印）
ISBN 978-7-5170-7738-1

Ⅰ. ①体… Ⅱ. ①田… ②田… Ⅲ. ①体育组织－发展－研究－中国 Ⅳ. ①G812.1

中国版本图书馆CIP数据核字(2019)第112848号

责任编辑：陈 洁　　　封面设计：王 伟

书 名	体育社会组织创新发展路径研究 TIYU SHEHUI ZUZHI CHUANGXIN FAZHAN LUJING YANJIU
作 者	田宝山 田燏甲 著
出版发行	中国水利水电出版社 （北京市海淀区玉渊潭南路1号D座 100038） 网址：www. waterpub. com. cn E-mail：mchannel@263. net（万水） sales@waterpub. com. cn 电话：（010）68367658（营销中心）、82562819（万水）
经 售	全国各地新华书店和相关出版物销售网点
排 版	北京万水电子信息有限公司
印 刷	三河市元兴印务有限公司
规 格	170mm×240mm 16 开本 12.5 印张 218 千字
版 次	2019 年 7 月第 1 版 2025 年 4 月第 3 次印刷
印 数	0001–3000 册
定 价	54.00元

凡购买我社图书，如有缺页、倒页、脱页的，本社营销中心负责调换

版权所有 · 侵权必究

PREFACE

前言

在中国全面的社会转型中，一个特别引人注目的现象是各种类型体育社会组织的兴起。它们不仅包括在民政部门登记注册的体育社会组织，具有独立法人身份的体育社团、体育类民办非企业单位和体育基金会，更有公民自发成立、在基层社区以备案形式存在、数量巨大的草根体育组织。这些组织构成了一个数量极为庞大、类型异常复杂、性质特点各异的体育社会组织网络体系，作为中国体育组织架构的重要支持和人们参与体育的重要组织形式，体育社会组织在体育活动的开展、运动技能的传授、健身知识的宣传、体育兴趣的培养与健身习惯的养成等诸多方面将发挥越来越重要的作用。

近年来，我国体育发展以科学发展观为指导，以建设公共体育服务体系为重点，创新体育发展道路，积极探索面向基层机构的普及和发展。让体育建设更加正规，大力加快体育组织的整改，慢慢将体育形式发展得更加现代化。不过，当前体育社会组织因为面对不同方面的影响并不能满足现代社会公共服务的需求。基于此，作者在阐述当前我国体育社会组织发展现状的基础上，对我国未来体育社会组织创新与发展路径进行探索研究。

本书共七章内容，首先，对社会组织、体育社会组织、体育社会组织发展等一系列概念性问题进行阐述，在此基础上，提出了我国体育社会组织的发展问题并给出了相关对策，同时指出体育社会组织自身能力建设中的相关内容；其次，对体育社会团体在建设与管理中涉及的相关内容进行阐述，并指出我国群众体育的发展战略、目标、走向，提出我国群众体育与大众健康的问题；最后，对自发性群众体育组织创新发展路径进行探索，以期为我国体育社会组织创新发展提供新路径。

本书理论性强，但也不失趣味性。在具体的政府职能转变背景下，体育社会组织创新发展路径研究在论述上展现了相应的专业属性，举例实际，便于理解。很多专业知识都进行了详细具体的论证，值得读者认真阅读与思考。

本书中，田宝山（河南科技大学）负责第一章、第三章、第六章、第七章的撰写工作；田嬬甲（中信银行）负责第二章、第四章、第五章的撰写工作。

出于使论证更加正确和具体的目的，书里参考了大量的学者研究成果和论点，在此深表谢意。由于写作能力有限，书里会有不足之处，还望读者进行指正。

作　者

2019年1月

目 录

CONTENTS

第一章 导论

改革与创新是人类社会发展的强大动力，一部人类的文明史，一部不断改革与创新的历史。随着以习近平总书记为核心的新一届中央领导集体接过改革开放的接力棒，中国吹响了全面深化改革的号角，在经济、政治、文化、社会、生态环境等领域开启了新一轮改革、创新与转型。本章主要介绍什么是社会组织，以及体育社会组织的内涵、类型与功能。

第一节　社会组织

“社会组织”一词是具有中国特色的词汇，对应国际上的非政府组织、非营利组织、公益组织、慈善组织、第三部门等。本节对社会组织的产生、概念、基本属性等基本知识予以介绍，在此基础上概括社会组织常见的活动领域。

一、社会组织的起源、概念与基本属性

（一）社会组织的起源

国外社会科学理论表明，人类的活动领域包括政治领域、经济领域和社会领域。这三大领域对应三大组织：政治领域对应政府组织，也称第一部门；经济领域对应企业组织，也称第二部门；而社会领域对应社会组织，也称第三部门。三大组织各有各的职责，政府组织的职责是宏观调控和制订重大方针政策；企业组织从事经济活动，追求自身经济效益最大化；而社会组织主要在志愿的基础上从事政府或私营企业“不愿做，做不好，或不常做”的事情。

目前，对于社会组织的起源有多种认识，现有文献主要运用经济学的观点，从市场失灵和政府失灵的角度对社会组织的产生做出解释。

市场失灵论觉得，市场给人们带来了私人物品，可是因为物品不能分享，又不具备排他性，以及企业的营利性倾向，使得大多数公共物品无法通过市场机制来提供。因而在公共物品的提供方面，市场机制是失灵的。

政府失灵论中，政府向群众提供物品的时候，都是依照大多数群众的喜好来选择物品的，导致部分人的物品需求无法得到满足。由于政府不可能成为万能的公共物品提供者，同时政府在提供公共物品时，也存在结果的低效性和非理想性，就这一意义而言，政府也存在失灵的一面。

社会组织作为区别于企业和政府的“第三部门”，是平衡各种组织的一股额外力量。社会组织的主要目的是让民众可以独立自主、平等和谐的生活，能够平等的选择，受到公平的待遇，同时尊老爱幼，奉献力量。政府失灵和市场失灵的存在，使得社会组织不断地涌现出来。

（二）社会组织的概念

社会组织恰恰体现了中国的民族特色，与社会组织相对应的称谓有很

多。因为每个国家的文化习俗和语言体系都不一样，社会组织在同一个国家的不同地区会有不一样的名称，如第三组织、慈善部门等。在我国社会组织之前也称为民间组织。2006年，党的十六届六中全会通过的《中共中央关于构建社会主义和谐社会若干重大问题的决定》中首次提出“社会组织”的概念。2007年，在党的十七大报告中再次对这一概念予以确认，“社会组织”取代原来的“民间组织”概念，成为政府报告和学界研究的主流话语。

关于社会组织，我国社会学界一般有两种认知。一种认为社会组织是与基本群体相对的次属群体中比较正规的形式，也就是人们为了达到一个目的进行有规划有组织的，建立起来的结构严谨的社会团体，就像学校、公司、保健院等。第二种认知则从政治领域、经济领域和社会领域三个层面理解社会组织，认为社会组织是国家或政府系统，以及市场或企业组织之外，不依靠财政供养，不以营利为目的的第三方领域。第二种认知是在类型上包括具有法人身份的社会组织（社会团体、民办非企业单位和基金会）和非法人组织。

（三）社会组织的基本属性

1. 组织性

一个人不可能成为一个组织，组织形成的前提就是要由一定人数构成的，一旦离开了人员，组织是不会成立起来的。伴随组织发展越来越正规，组织的影响力也越来越大，这种情况下，组织的构成人员数量也会越来越多。而且，组织一定要具备齐全的内部结构（职责、权力的分层体系）和规则。在正规的内部结构和规则牵制下，组织才可以顺利地进行活动，同时这两方面也可以体现组织的管理能力。因此，必须具备组织性，才可以成立组织。

2. 非营利性

这个属性对于社会组织来说是非常重要的。很多国外的社会组织都被称为非营利组织。所谓非营利性，并不是分文不取，指的是组织形成的目的不是为了营利，不是为了获取利润，更不能将组织的资产变成自己的私人财产，换句话说，社会组织能够通过市场形势开展起来，但不可以赚取利润，组织获得利润一定要进行再次利用。所有以牟利为目的的组织，比如企业、媒体等都不属于社会组织的行列。社会组织的维持需要很多费用，这些费用的来源渠道也有很多种，包括企业、政府、其他组织的捐助等。

3. 非政府性

社会组织不在政府体系行列之中，不具备国家和政府的属性。尽管社会组织也包括了对群众的服务内容，可是组织提供的服务内容和国家政府提供的服务是有所差别的。两者相比之下，社会组织的服务更加具体生动，能够不分国度的进行服务，同时不受纳税人的控制，只需要按照组织的规定和原则进行服务就可以了，社会组织提供服务和物品，也不受限制，既可以是互相受益的，也可以是互相帮助的。总而言之，所有政府部门组织的，受政府管理的社会组织，包括国际之间的政府组织，都不属于现代社会组织范畴。

4. 自治性

因为社会组织不属于政府组织范畴，所以它具备一定的独立性和自治性。所谓自治性，就是要让组织成员具备自控性和自制力，自觉遵守相应的规定和原则，才能保证社会组织的正规有序。自治的前提是下位法必须遵从上位法的原则，也就是社会组织制订的规章制度不能违背和触犯国家法制法规。社会组织的自治性如何，可以展现国家的现代化程度。

5. 志愿性

现在社会组织没有层层递进的结构关系，也没有层层归属的机构类别，它的动机不是利润，也不是权力，都是群众自己组织的，自愿参与进来的，无论是维系组织的资金，还是组织活动的开展，都是组织成员自愿自发进行的，都是非强迫性的，社会组织的主要目的就是让利益公共化。所以，社会组织奉行的精神主义就是利他和互助精神。需要强调的是，无论是政府还是组织，都会提供公共服务，可是社会组织和政府是不一样的，社会组织进行的服务都是自愿自主式的。

组织性是一个不言而喻的前提，非政府性和非营利性被公认为社会组织的基本属性。但由于中国传统历史文化等，中国社会组织并不完全具备以上属性。有些社会组织“二政府”的性质较为突出；有些社会组织营利性倾向较为明显；有些社会组织自治性缺乏；由于中国公民社会发育不完善，应有的主体意识、参与意识缺失，社会组织的志愿性也不明显。

二、社会组织的活动领域

社会组织类型不同，目标也不一样，所以组织的活动范围也不一样，想要将社会组织的活动区域全部规划出来是不现实的。接下来介绍的一些活动区域都是比较常见的。

（一）环境保护

环境保护指的是环境、生态与资源的保护。工业文明带来的恶劣空气、气候无疑给人们的生活造成了影响，在19世纪下半叶，保护环境已变成人人高喊的口号，环境是人类生存和发展最重要的条件。环境在社会治理中占据至关重要的地位，社会组织在环境领域的规模越来越广，参与的人数也越来越多，涉及的领域也慢慢增大，慢慢设立了国际性的网络系统。在全球范围内比较出名的环境保护组织主要有世界自然保护基金（WWF）、地球之友（Friends of the Earth）、北京地球村等。在中国，民间环保组织在改革开放之后才开始盛行起来，尤其是在21世纪以后，我国的民间环保组织慢慢扩张。当今阶段，在国际上享有盛誉的民间环保组织包括自然之友、北京地球村、绿色营、绿色北京、阿拉善SEE生态协会、永嘉绿色环保志愿者协会等。2014年7月12日生态文明国际论坛发起建立的“生态体育城市国际联盟组织”也是在保护环境。

从环境保护的角度来讲，环保社会组织一直被视为给社会带来公益服务的专业的、重要的社会机构。环保社会组织是生态环境保护的重要组成部分，对于生态环境保护过程来说，具有十分关键的作用。

1. 开展环境教育

社会环境组织最主要的工作就是向大众传递环境的重要性。对环境的尊重和保护的前提下，环保社会组织在开展生态环境宣传和教育的同时，避免工厂造成工业污染，保护生态环境，环保社会组织的工作任务就是告诉人们，人类的生存基础是自然环境不被破坏，人类生活不能脱离自然环境，离开自然环境，人类无法生存。

2. 提供环境信息

要想将环境保护好，要依靠科学的力量才能完成。尽管环境问题不具备明确性，可是明确并掌握全球环境信息依然是国际社会进行环境和气候工作，也是拟定重要环境和气候方案的基础。环境信息的采集和宣传也属于环境类社会组织任务的范畴。例如，一些俱乐部和研究所等举办的对全球环境问题的评估会议和发布的研究报告，给各个国家的政府带来了很多的主要的环境资料。

3. 推动国际环境与气候机制

国际环境组织可以推进国际环境和气候体系的发展、进行和整改。国际环境组织利用环境问题的科学资料告知群众破坏环境的危害性，让每个国家都能够高度重视环境问题，让环境问题被纳为国际环境的谈判话题，同时促使各个国家在环境的问题上达成共识，进而给国际环境体系产生一定的积极影响。对于环境体系的实践来说，国际环境社会组织还可以展现一定的监督功能，让国际环境条约的实践情况有所改善。

4. 促进国际环境的保护与环境问题的解决

国际环境组织已在全球多个国家设立了网络体系。利用彼此间的网络体系和各国的驻外办事机构和每个国家的环境组织有效地联系起来，变成了各个国家环保人士的沟通桥梁。利用这个桥梁，每个国家的环保问题和环保人员的关注都被提到了国际议题上，全球环境问题的解决被逐渐分化，从基层做起，进而推动了国际环境的保护和环境问题的解决程度。此外，国际环境组织还特别看重当代信息技能的作用，比如网络、邮件等，让全球环保人士的沟通和联系更加快速和便利，一些学者将现代信息技术看成了可以有效解决全球环境问题的最重要的治理方式。

（二）公益服务

所谓公益服务，是由社会组织展开的，归属为公共范畴的产品，属性是公益类别的。它给社会带来了公共物品，不但能够让企事业单位和社会公益组织以及公民自己享受到各个方面的服务，还可以让他们通过服务来得到社会各界的支持。

1. 开展社会公共服务活动

社会组织进行公益服务会通过不同的方式开展起来，比如不同类型的公益项目的举办。社会上的各个公益组织开展了不同的公益活动，利用这些公益活动，对社会上出现的各个社会难题进行解决，包括环境污染、卫生污染、人文教育、科学学习、乡村建设等。公益组织在灾害管理方面具备一定的优势，主要有：接近群众，投入民众真实生活，积极响应群众要求，快速、妥善，深度处理群众提出的难题。并且，在处理问题的同时，政府要和公益组织相互配合，相互帮助和扶持。

2. 开展志愿服务活动

志愿服务在公益服务当中，是最显著的方式。这种方式没有自私自利的心思，都是自愿进行的，不计回报全身心的投入，目的也是为了让人类社会更好地进步和发展，同时也是人民生活的一种社会公益行为，很多国家的志愿精神都代表了公民社会的精神主体。中国的志愿者人员类型多样，志愿组织也有很多类型，所以志愿服务涵盖了很多方面。以青年志愿者组织针对弱势群体所提供的公益服务为例，截至2013年11月底，全国所有的省、自治区，直辖市和2763个县市区旗，以及2000多所高校建立了青年志愿者协会和13万个志愿服务阵地，形成了较完善的组织体系；经过规范注册的青年志愿者达4043万人。据不完全统计，注册志愿者仅在2013年，就向社会提供了6.9亿小时的志愿服务。2017年4月13日，中共中央、国务院印发的《中长期青年发展规划（2016—2025年）》正式公布。《规划》对14～35周岁青年的发展工作进行了全面的阐述，提出了一系列目标和措施。其中多处涉及社会参与、社会工作、社会组织、志愿服务、公益事业。《规划》提出全面推行青年志愿者实名注册制度，到2025年实现实名注册的青年志愿者总数突破1亿人。到2020年建成20万人、到2025年建成

30万人的青少年事务社会工作专业人才队伍。

（三）权益保护

通常说的权益保护一般是针对弱势群体来讲的。弱势群体指的是受到外界的原因，或者自己身体的原因，不会像其他人一样能正常生活的人群，这些人群都在社会的边界游离，生活能力比较弱，比如老弱病残类人群。每个公民都有自己的合法权益，可是人们的生活方式各不相同，随着社会不断地进步，常常会形成权力和利益上的碰撞和摩擦，特别是社会弱势群体应得权益更加会被忽略甚至恶意破坏。弱势群体大多数都会得到政府部门法制渠道的帮助，同时也会得到社会组织给予的相应帮助。作为社会组织，对弱势群体的帮助更加广泛，更加容易被接受，也更加直接便利。不同的社会组织都竭尽全力，想尽办法帮助有困难的群众，处理难题和困难，让群众的需求得到满足，保护群众应得的合法权益。

（四）社区发展

伴随社会的不断现代化，社会组织将力量都集中在了社区方面。社区的不断进步离不开社会组织的带动和促进，社会组织利用不同的形式带动了社区的进步和发展。

1. 提供便民服务

随着人们生活水平的不断提高，社区人们的空闲时间也逐渐增多，社区内人们的需求也越来越高水平，越来越多样化，为了满足这些群众需求，社区组织开展了一整套的便民服务。例如，社区里的养老机构、医疗机构、老年人健身空间等，都给社区群众带来了既便利又温暖的服务，并且还给下岗失业人员带来了很多的工作机会。

2. 开展丰富多彩的活动

社区的社会组织利用多种多样的娱乐活动和社会交往活动，让社区人们更加团结，更加具有凝聚力，同时也增强了彼此间的相互沟通和联系。以往社区间的生活是自己过自己的日子，不和他人联络的社会现象已经慢慢发生了改变，现在社区的风气已经越发的积极向上、热情有爱，居民之间相互认识、了解和帮助，变成了一个社会大家庭，社区的环境也越来越人性化。例如，活跃在大大小小的社区草根健身团队活动，既丰富了社区居民健身项目，鼓励居民快乐健身、科学健身，又增加了社区居民的凝聚力。

3. 维护与实现社区群众的合法权益

在社区生活中，自治是一种普遍的管理方式，即居民自我管理自己的事务。和谐社区的建设离不开群众的支持，群众的参与尤为重要，只有群众基础，才能让社区根基更加稳固，让居民真正具备自治能力，切实维护居民的应得权益。一些法律协会和法律援助中心，还有一些弱势群体的保护协会也会给基层群众带来维权的支持和帮助。同时，基层群众自己也会自愿集结起来，维护自己的合法权益。

4. 承担社区公共服务性工作

当代社会中，帮助弱小、救助贫困、保护环境、维护社会安全都属于社会公益类别，是政府部门特别是基层机构必须执行的公共服务责任。伴随不同制度改革的慢慢进行，政府的各种职能也逐渐发生了变化，政府部门利用收购社会服务和项目的形式，将公益服务转移到社会组织的身上。如地方体育局以购买服务的形式将各类社区运动会、大众性的体育比赛委托给专业性的体育协会或俱乐部举办，既增强了运动比赛的专业性，又减轻了政府的负担。

（五）慈善救助

目前，我国人民生活在总体上虽然达到了小康水平，但是仍然存在着发展不协调和不全面的问题。社会上的弱势群体还有很多，假如这些群体的权益都不能得到维护和保障，就会造成社会矛盾，无法维持社会平衡。因为社会群体不属于政府管理，没有层级构造，专业属性欠缺，政府机构不能对大量的群体进行整体妥善的支持和保护，社会组织对弱势群体进行保护的时候，社会组织的专业性和民间性恰好可以弥补政府部门不具备的功能和作用。社会组织完成社会公益事业的方式主要是利用基金会和慈善组织来进行的。基金会和慈善组织大力进行帮助弱小、扶助贫困的慈善活动，这两个组织对于社会救助和福利体系的作用不可小觑，展现了弥补和填补的价值。例如，基金会和慈善组织开展了“扶贫济困”、赈灾、救灾、助困、助医、助残、助学等慈善活动，成为了促进推动社会主义前进和发展不可小觑的强大力量。

中国现代慈善事业从20世纪90年代初开始出现，1994年成立的中华慈善总会标志着中国现代慈善事业的诞生。

当前，我国社会组织从事的慈善公益事业已日益成为政府救助的重要补充。社会组织的慈善活动涵盖了社会的每个领域每个方面，特别是在面对无法抗拒的灾难面前，社会组织的慈善力量更是显著。慈善事业越来越受到国家的关注，这也加速了公益组织的开展速度，投入慈善事业的单位和个人的数量也越来越多，慈善组织获取的物资数量也越来越多，这些物资用来救助灾民，发挥了很好的作用，这也让慈善组织的公益位置越来越重要。

第二节　体育社会组织的内涵

随着计划经济向市场经济转型，改革开放政策的施行以及与之相伴的政治方面体系的改革，国家和社会关系也产生了不可小看的改变，改变了过去国家统筹一切的“强国家—弱社会”的状态。总体而言，可以用两个方向的发展来归纳：其一为国家向社会赠权；其二为社会力量增强，逐步向“强国家—强社会”的方向发展。政治制度的整改通常是由全能型国家的战略转变为公共服务型政府的战略上。改革的各项措施都促进了社会力量的增强。

就我国国家与社会关系本身而言，首先，从中国社会发展的客观需要来看，社会主义市场经济条件下，如果市场可以自我调节，政府不应该过多干预。客观情况下，只有在市场无能为力的时候，政府才能发挥全面的作用。这不仅能促进经济社会发展，而且能够加速社会主义民主政治建设。但是，从我们国家的国情出发，由于市场力量依然很弱，市场运作的必要规则尚未完全建立，市场经济的发展和良好的经济秩序受到了阻碍。这种情况下就要求政府全面而充分的发挥作用。除此之外，它也能够对人们理解的内容产生影响，导致人们对国家与社会的关系产生不同看法，即政府权力与不同观点的社会实力之间的关系有了一些看法。例如，“小政府，大社会”“弱国，强社会”“强国，强社会”等提出的要求。为了解决国家与社会关系的问题，我们必须将未来与目前的两个客观需要区分开来，从目前的工作人员到任务，同时又心系未来，真正的需要和长期的需要都要考虑，尽可能为未来的发展创造一切必要条件。从真实的角度来看，国家与社会的关系是分析政府和社会两个权力的具体情况，同时也是一种能分析现实情况的重要因素，具体操作是根据情况的要求，通过各种因素的转变创造条件，平衡这两个力量的对比和互动。

随着我国民主政治建设的日趋完善，为我国体育社会组织的孕育和发展提供了十分有利的社会环境。作为一种重要的组织类型，体育社会组织具有非政府性、非营利性、自治性和志愿性，是致力于解决不同社会层面、不同社会群体公共体育服务问题和满足个性化体育需求的社会组织，在体育领域可以发挥社会性、公益性和服务性等社会职能，填充市场和政府力所不及或不适于进入的层面；在促进我国体育事业发展、促进人的全面发展和社会的和谐进步方面具有其他组织不可替代的作用；社会转型使各种利益关系分化、调整，社会结构的不断变化对体育社会组织发展提出了现实而又迫切的要求；从我国体育事业发展战略的整个局面来看，因为体育社会机构是介于政府和企业的中介组织，只有民间的力量得到正常发挥，行政部门的宏观调控职能才能真正到位；在国际社会的公共服务中，政府不再是公共服务的唯一提供者，政府与民间的关联逐渐增强，民间的力量在国家治理方面展现了更加显著的作用，其中各种社会中介组织在西方各国已成为成熟的市场经济机制的重要组成部分。

创新社会管理体制既是作为一个管理目标，也是社会改革方向。坚持多方参与、共同治理、统筹兼顾、动态协调则是社会改革的出发点和原则，构建完善社会管理格局，需要政府和社会共同努力发挥各自的优势和形成合力。我国社会管理体制处在一个总体趋势有利于改革的关口，被学者们普遍认同的社会体制改革方向是：在政府的主导作用下，强化社会管理和公共服务职能，建设服务型政府，健全社会细胞、激发社会活力是共同的任务。

改革开放，给中国的总体化社会带来巨大的变化，使国家与社会的逐渐分离，在体育领域这一变化体现在由过去完全国家办体育和单位办体育演变成除国家对主流体育资源控制之外、逐渐让渡出一定的资源份额，使不同的经济实体、利益群体、阶层都可以在一定程度上表达自己对体育的利益诉求，政府体育部门以及相关部门在党的基本路线及“科学发展”的理念指导下，制订了各种引导、规制社会组织的法规与政策。不同形式的体育组织在不同的管理策略下会以自身的方式生存发展，解析政策控制下的体育社会组织发展趋向以及政策法规走向的理论意义和现实意义便不断凸显出来。

我国体育事业在由计划体制转向市场经济的过程中，由于长期的竞技体育投入，使得竞技体育与群众体育的发展“一腿长、一腿短”严重不平衡。公共体育事业体系不健全，公共体育设施建设不普及，各类人群特别是青少年的体育健身意识和健康水平与经济水平发展没有等量齐升，已经成为当前我国体育改革与发展中不可回避的问题，而且事关体育事业稳步、健康、协调的发展。加强对各类体育社会组织的研究，促进其健康稳定的发展，也成为学界的共识。因此，深入认识体育社会组织的性质、理顺社会组织内外联系，强化社会组织的培育功能，显得很重要，同时对于合理有效处理体育社会组织与政府、社会、市场之间错综复杂的关系、提高体育社会组织的整体质量，推动社会组织工作走向法制化、制度化、规范化、使之健康发展，提供具有实际应用价值和可操作性的理论观点和对策建议。

第三节 体育社会组织的类型与功能

一、体育社会组织的主要类型

在人们生活在现实社会的各个领域里，随处可见不同形式的体育社会团体，有的规模小，有的规模大，从几个人到几万人，各不相同，无论是组织形式、活动类型还是作用影响方面，都是不同的。体育社会组织的类别多种多样，人们通常依据不同的标准和方法对其做出区分。

莱斯特·萨拉蒙教授主持的全球范围非政府组织的比较研究项目（即非营利组织国际分类标准项目）中，体育组织被划分到第一大类文化娱乐中的第二小类。这样的区分对于社会组织的区分和整理有一定的作用。

最开始对体育组织类别进行划分的方式是对体育社团进行分类，就像卢元镇先生一样，最开始将体育社团分成了七个类别：竞技体育类社团、社会体育类社团、体育科学学术类社团、体育观众社团、体育娱乐享受型社团、体育经济性社团等。还有根据组织的正式程度，把体育组织分成正式和非正式两种。顾渊彦先生根据活动的内容把体育组织划分成群众、学校和竞技三个方面。最近几年，体育组织的类别逐渐使用社会合法性的定义和分析方式以及非营利组织的划分构造等。还可根据社团组织的形成、社团领导的产生、社团经费的来源将体育社团划分为官办社团、半官办社团和民办社团三类。给体育组织进行类别划分的研究及给体育社会组织的类别区分提供了前提条件，但是因为过度强调体育社团，却忽视了其他方面的体育社会组织，比如基金会和草根体育团体。本节会根据目前社会组织的类别，把体育社会组织根据法律位置、组织属性和作用、活动区域和覆盖面积等标准做出类别的划分。

（一）按“合法性”分类

“合法性”是社会组织最基本的分类依据，参考赵子江对体育民间组织的分类，体育社会组织分类按照“合法性”可分为三类。

第一类是具有“法律合法性”的体育社会组织。我国当前实行的法制规定完全肯定的体育组织、体育类私营企业和体育基金会。当中体育组织属于为了开展体育事业，自发性组织起来的；而体育类私营企业指的是不计回报的，不求获利的，由社会力量和公民自身利用自己的物资举办起来的，主要的目的是为了开展体育项目，这些组织都是民间力量举办的场馆、俱乐部、中心等社会组织；体育基金会指的是为了进行体育活动，根据相关条例建立的非营利性法人的社会团体。

第二类是具有“行政合法性”的体育社会团体。排除第一个类别，法律法规认可的体育团体以外，因为我国体育社会组织展现的真实状态和民政部门注册登记的类别并不一样，并且很多的非政府和公益性的体育团体还存在，并且都来自于民间。想要具备合法性质，必须满足两种条件。

（1）社会组织和事业单位设置的二级机构举办的各项活动，比如通常在机关事业单位举办的职工体育大会、项目协会等，以及大学生的体育协会下属的各种单项体育协会等，这种组织必须按照一定的相关手续，也可以通过上级部门的指认，把合法性合理地转让过来，可是不具备正规的法人资质。

（2）在相关部门进行相关登记和注册，获取企业法人资格。

第三类是具有“社会合法性”的体育社会组织。这些组织大多都没有经过登记注册，但依然具备合法性。第三类组织主动鲜明，具备明显的优势，同时它的存在也是合理的，其“社会合法性主要有三种基础：一是地方传统；二是当地的共同利益；三是有共识的规则或道理”。传统的组织延续包括民间的舞龙和舞狮，以及龙舟比赛等；社区中活动频繁的体育团体也是为了共同生活的利益，依靠生活兴趣存在下去；互联网的产生以及各类交通工具的不断使用出现了各种新形态的体育社会组织，它们的出现将更大范围影响人们的生活方式，如图1–1所示。

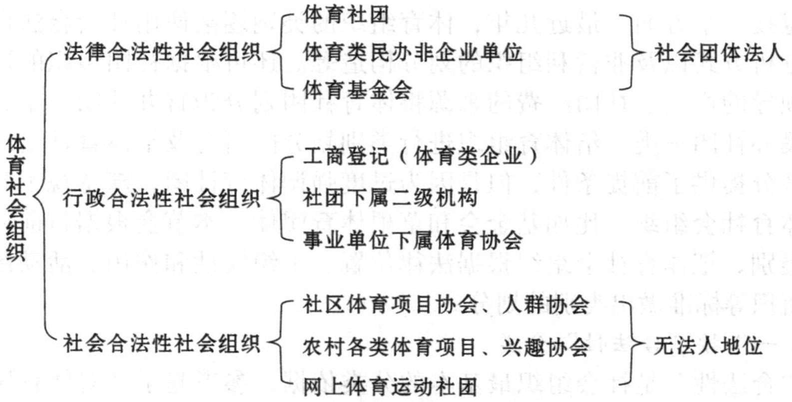

图1–1　按照法律地位对体育社会组织的分类

（二）按组织性质、体制分类

NGO研究所的研究者都建议采用国际同类的分类形式，全面考量国内的独特发展背景，我们会通过组织属性和制度的角度来将体育社会组织进行类别的划分。

根据组织属性，把体育社会组织划分成公益和互益两种。因为属于国际上最基础的类型划分，使用这样的分类通常和税收的优惠条件相互牵连。公益性体育社会组织的目的就是给群众带来公共体育服务，享受服务的群体都是特定的，通常主要是运动员群体，还有就是多数人群，互益性的体育社会组织的服务对象通常是组织内部成员，彼此间进行利益的共同享受和维护，目的是追求相同的兴趣，让彼此间可以共同帮助和支持。

根据组织制度还能够把体育社会组织划分成两种类型，分别为会员和非会员两种体制。这样的类别划分代表了组织的基本建制属于NGO的分类范畴。通常需要把这两种类别聚集之后，再对体育社会组织的类别进行划分，一般互助性的组织都是采取会员制度，如体育商业行会、行业体育协会等，对于非会员制来说，通常包括体育基金会和实体性服务组织，都可以划分为公益性组织范畴。不过，在我国以上两种标准不会完全吻合，一些组织也属于公益类别，公众自发组织的体育组织代替政府部门的体育组织，去实现公共体育事务的管理和服务，体育社会组织划分的类别和机制如图1-2所示。

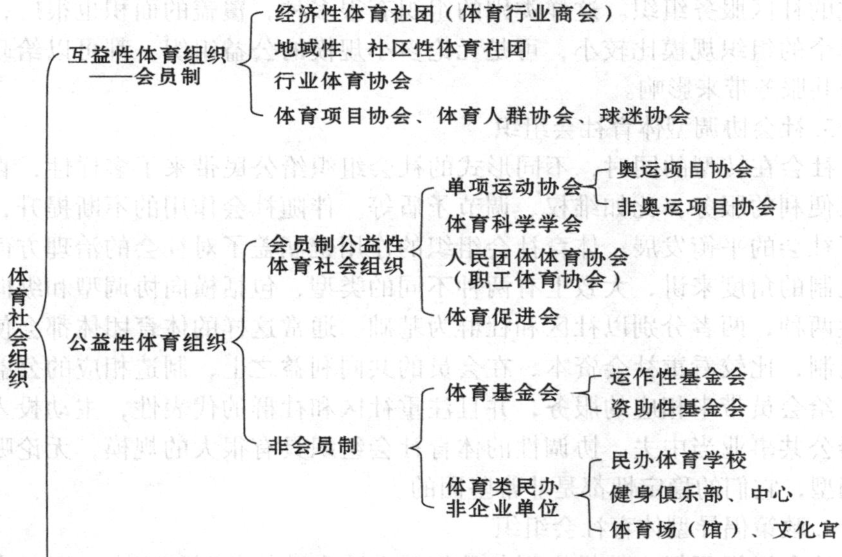

图1-2 按照组织性质、体制对体育社会组织的分类

（三）按组织功能分类

组织往往根据设立的目标和作用的类型来进行分类。组织目标指的是专业的或细化的能力，展现的是组织和它在整个系统里的关联位置。根据相关学者对非营利组织的类别区分，可以将体育社会组织分为不同的功能类别。

1. 动员资源型体育社会组织

社会组织想要继续发展和前进，就需要使用所有的社会力量，包括慈善救助和志愿活动。利用动员资源的目的来组建的体育社会组织，包括专业筹款的体育基金会和社会团体，如中国关心下一代健康体育基金会；一些专业开资助活动的体育基金会和体育社会团体，再如中华全国体育基金会，专门招纳、训练和调遣志愿者的体育社会组织和体育类民办非企业组织，这样的体育社会组织数量不多，可是专业性很强，具备很好的社会公信度以及社会影响力度。

2. 公益服务型体育社会组织

社会组织带来的公益服务在社会的各个层面都可以见到，伴随社会功能的持续进展和日益增强，公益服务慢慢变得更加专业，产生了很多以公益服务为目的的体育社会团体，其中涵盖了以公益项目为目的的体育基金会和社会组织，还包括体育类别的民办非企业单位，同时还积极举办多种形式的社区服务组织。这样类别的组织有很多种，覆盖的面积也很广，虽然单个的组织规模比较小，可是无论多小规模的公益组织，都可以给政府的公共服务带来影响。

3. 社会协调型体育社会组织

社会在转型的同时，不同形式的社会组织给公民带来了多样性，直接而又便利的服务，比如维权、调节矛盾等。伴随社会作用的不断提升，带动了社会的平衡发展，体育社会组织的作用也涵盖了对社会的治理方面。从机制的角度来讲，大致上有两种不同的类型，包括横向协调型和纵向协调性两种，两者分别以社区和社群为基础。通常这样的体育团体都会使用会员制，比较看重社会资本，在会员的共同利益之上，制造相应的公益领域，给会员带来相应的服务，并且注重社区和社群的代表性，主动投入到社会公共事业当中去。协调性的体育社会组织具有很大的规模，无论哪种协调型，它们的稳定性都是非常坚固的。

4. 政策倡导型体育社会组织

社会组织不但主动投入到各种相关立法和政策的制订当中，通过多方努力主张和作用着政策结果的公益性和群众认同程度，并且常常以代言人的身份，为弱势群体等特殊群体进行代言。展现社会组织的利益和政策核心。伴随社会的不断进步，政策主张转变一些体育社会组织的作用，很大一部分变成专业进行政策研究并且主动作用于政策的代言人，另外一部分变成主动投入到社会博弈的弱势群体的代言人或者是获取利益的代言人，这样类别的体育社会组织的数量并不多，可以具有很大的影响，这种类型的体育社会组织具有一个相同的特征，就是具有清晰明了的政策主张，更多地看重社会的公正，同时利用主动的提倡活动对政策进行了影响，如图1–3所示。

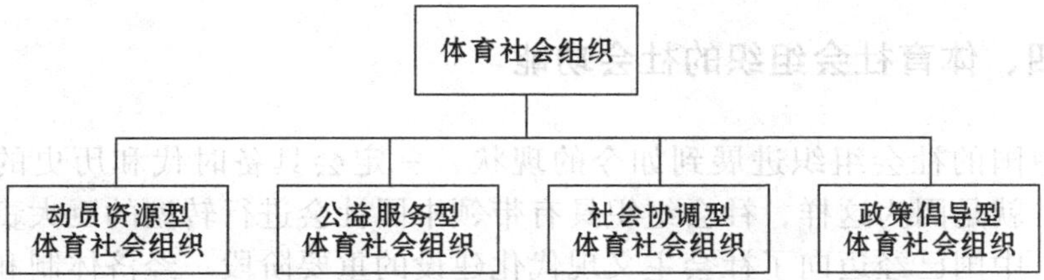

图1–3　按照组织功能对体育社会组织的分类

二、按活动范围分类

根据赵子江将体育民间组织的类别划分，根据活动领域的划分，能够将我国体育社会组织分成社区体育组织、城市或地方性体育社会组织、全国性体育社会组织等。这样的分类只针对于组织的活动领域和范围，至于组织内部的属性、运作形式无从考核，无法进行详细深度的探讨。

三、其他分类方法

根据开普勒对社会组织的类别划分，同时根据组织规模的大小，可以将体育社会组织划分为小、中、大、巨型体育社会组织这几种类型；根据组织的资产来源渠道，又可以把体育社会组织划分为官办、合作、民办这几种类型；根据组织资源动员的形式，还可以将其划分为公募和非公募两种类型；根据活动方式，能够将其分为资助型、项目型和服务型这几种。

当前学界看中并探讨的体育社会组织通常聚集在法定的体育社会组织上面，也就是体育社团、基金会和非企业单位等。可是伴随经济社会迅速前进所造成的社会结构的不可阻挡的改变以及体育活动慢慢普及的发展方向，让大批的基层体育组织由下往上进展，同时展现了它强大的生命力量。基层组织可以达到全面健身的效果，并且这些组织受到了社会的认可，具有相应的合法性。这些组织很少依赖政府的资助来展现自我组织和管理的特性，通过基层组织，不仅可以让一部分人对体育需求得到满足，还频繁地进行社区活动，成为社会生活中体育活动的中坚力量。尽管基层体育组织无法享受机制内的所有资源的辅助，可是取得了社会的认可，给我国的群众体育事业带来了巨大的奉献，一起推进全民健身活动的进展。

所以体育社会组织不但含有体育社团、基金会和非企业单位，还含有以社区为基础，在民间由下往上开展起来的，没有正规法制作为规定，但是在一定程度上含有社会组织中心优势的各种社会草根体育组织。

四、体育社会组织的社会功能

中国的社会组织进展到如今的现状，一定会具备时代和历史的双重作用，就是因为这样，社会组织具有带领中国社会进行转型的巨大责任。目前，中国已经迈向了社会主义现代化建设的重要阶段。经济体制和社会结构都在发生着变化，社会格局也在进行着深刻的调整，人们的思想意识慢慢发生着改变，与社会组织的发展条件和环境已经达到了契合的程度。2012年全国人大第十一届五次会议《政府工作报告》把培育发展社会组织确定为“现在和以后一段时间内改革进行的主要区域和重要领域”，注重社会组织工作在社会管理的加强和创新上的特性，包括关键性以及紧急性。同时将社会组织归为国家全部工作和运行体制当中去，让社会组织的进展得到了前所未有的历史机遇。国家体育总局在2013年将这一年称为“体育组织建设年”，希望将体育社会组织面临的各种难题和困难一一得到解决，减少甚至消灭部门多元和政出多门的现象，同时解决注册和登记的问题。这也给体育社会组织带来了良好的发展机会。

党的十八大报告提出“加快形成党委领导、政府负责、社会协同，公众参与、法制保障的社会管理体制，加快形成政府主导、覆盖城乡、可持续的基本公共服务体系”。我国全民健身事业“十二五”发展规划也明确提出了“强化体育公共服务职能，构建体育公共服务体系，提高公共服务水平的战略目标”。全民健身的公共服务系统和民生问题关联密切，可以影响和作用着小康社会的发展、经济社会的进展，同时对中国梦的实现具有重要的价值。不同的体育社会组织可以更直接更密切地和群众联系起来，还可以更加深度地召集团体进行全民健身活动。接下来分别通过三个方面来对体育社会组织在当今社会中的重要功能进行阐述。

（一）体育社会组织与公民个体

1. 有助于完善公民个体诉求的表达机制

社会组织的功能之一就是推动社会的治理。所谓的社会治理就是说公民对社会事务的看法和实践，同时包括公民在表达想法和投入活动的时候，和社会组织、政府、企业之间的相互协调和帮助扶持。现代社会当中，在推动社会治理的前提下，公民自身和团体组织的关系通常有如下几点体现：首先，社会组织属于群众自愿组织起来的，在当代社会当中，公民对社会组织的需求，就像对衣食住行的需求一样重要。公民利用彼此之间的共同兴趣爱好和意识信念，公民自发自愿地集结起来，共同参与活动，共同投入到社会公共事务中去，利用表达和参与让话语权得以产生在公共领域当中，进而主动正面地带动社会的发展进程。公民使用结社权的一种方式就是社会组织，通过结社权，可以让群众具有利益诉求权，投入社会事务的权利以及拓展公共区域的权力；其次，社会组织利用自愿投入、彼此帮助，人和社会自然之间构建了解、会话、沟通的桥梁，有利于人们之间，人和社会之间的矛盾和冲突得到解决。不管社会组织在什么地方，都可以聚集人力影响社会，变为展现人际交流、平衡社会的最普遍的方式。在城市社区当中，不同类型的社区群体常常可以改变人们的社会身份，利用多姿多彩的各种活动打造和谐的家庭气氛；最后，社会组织利用有组织的社会动员和参与，可以帮助社会组织的成员达到社会价值，享受共同利益，接受更广泛的公众服务。体育社会组织所做的公益事业符合社会认同的价值观。社会组织展现的社会性和公民主体性，能够有效地区分政府和企业，且做出明显的区分。它们不具备掌控社会和公民的权力，也不会脱离市场，同时也不是最大的利益追求者。它们来源于社会和公民，行使的权力来源于结社权，公民通过组织的方式将意愿和诉求展现出来，并通过组织的方式投入到各种社会事务里面去，同时在这个基础上产生公民自主的公共区域。

2. 有助于维护公民个体权利

从自由结社的角度来讲，每个公民的权利都是平等的，体育区域形成了很多不同形式的体育社会组织，有的规模大，有的规模小，不管是什么规模的体育社会组织，都是公民自发集结组成的，可以让公民按照法律条例施展社团作用。公民形成这种体育社团之后，利用组织活动将自己对体育的看法和喜爱展现出来，也将公民投入体育事业的精力展现了出来。同时，公民利用自发形成的体育组织，参加到各种体育活动当中去，这种积极地参与态度，给我国的体育事业的持续发展带来了坚实的基础。

所谓健康公平，指的是任何一个成员都可以得到良好的健康身体，都可以达到标准的健康水准，健康是人的基础权利。所以，人权的组成因素中，健康权是非常重要的，通过锻炼的形式来获取健康，也是组成人权的重要部分。怎样行使人民的体育特权，属于政府和社会都应该履行的社会共同的任务。

3. 有助于搭建公民个体人际沟通平台，增强组织凝聚力

伴随社会的不断发展，人们的生活水平日益增强，空余时间也越来越多。人们会花费很多时间投入到体育活动当中去，人们的内心也越来越渴望得到体育锻炼，通过体育活动的举办和参与，人们之间的交流和沟通也

得到了发展。这种情况下，体育社会团体具备的影响和作用就更加明显。体育社会团体利用不同形式的体育活动，让人们对体育的不同需求得到了满足，同时激发了群众主动投入到体育活动当中的动力，大大丰富了群众的闲暇时光。人们生活在社区单元之内，社区内的体育组织就需要具备调动群众进行体育活动的能力。利用举办多种形式的体育活动来吸引群众愿意参加这样社区体育组织带领群众积极投入到体育活动中去，社区内群众利用体育活动，提高了群众的人际交往能力，大大展现了群众的自我需求，丰富了群众的闲暇生活，让人们的生活形式更加健康有趣。

4. 体育社会组织有助于强化公民个体的归属感与认同感

人们的生活形势会伴随社会的发展有所改变，现代社会，更多的人都渴望得到心理上的满足，渴望自己属于一个固定的团体，得到团体内所有人的肯定。利用体育社会组织，可以让群众得到沟通的机会，利用这个机会对体育事业进行关爱和参与，能够让人们的需求得到满足。就像老年人，在退休以后受到生活方式改变的影响，容易发生很多难题和阻碍，假如利用指引、带领退休老人投入到体育社会当中去，不仅可以让老年人的健身需求得到满足，而且还能让老人在心理方面得到慰藉，这样有效避免了老人因为无所事事而造成的心理问题，也可以解决很多老年人碰到的现实难题，让退休老人重新感觉到社会的关爱和重视。

（二）体育社会组织与体育事业发展

1. 创新体育公共服务提供方式，实现多样化供给

从社会服务的立场来讲，必须全面展现体育社会组织的社会服务作用，发动社会上的所有力量推动公益福利事业的进展，这样才可以产生体育公共服务产品的大量形成的局面，才可以成为体育公共服务产品的巨大推动力量，进而成为体育物品提供一方的强大助推力量，进而让社会经济得到迅速的发展。体育社会组织因为具备体系上的活跃属性，让群众大量投入到体育活动和体育公共服务当中去，能够让群众在社会福利服务区域得到满足，调和社会矛盾。体育社会团体通过社会的多方资源将市场以及非市场因素有效地综合在一起，加强人们之间相互协调的能力。对社会弱势力量的权益进行维权的时候，主张社会公正和平等，让人们的社会和体育市场经济得到平衡进展，让社会的发展更加健康协调。

公平这一属性，属于体育公共服务的基础优势，也就是平衡、平均的性质，主张体育公共服务资源应该公平公正地进行配置。当今社会，社会弱势群体的边界化、穷苦化等已经成为组建公众化多形式化体育服务系统的阻碍。有关机构正不断地使用有效措施，把社会弱势群体的体育服务归为公众化、多形式化的体育服务系统里面，进而确保这些群体能够赢得体

育权益，推进体育公共服务系统的改善。通过公平公正的特性，可以让体育社会组织完整展现它的功能和价值。

2. 优化全民健身发展格局，加速全民健身计划进程

随着经济的不断发展，更多的人认识到体育活动不但要通过政府部门来管控，同时也受到了政府部门的限制和束缚，所以体育事业的发展也受到了牵绊。想要改变这个状况，就要从政府部门的职能入手，管理方式从直接变为间接，把大部分的体育事务留给体育社会组织进行掌管。因为体育社会组织属于公益组织，所以体育社会组织可以作为政府和群众之间的缓冲平台，可以合理担负起展现政府机构在全面健身活动中的作用。它属于全民健身活动进行开展的基本部分，对于合理展现类型多变的全民健身活动具有积极重要的功能和影响。

体育社会组织在执行国家体育工作方针和政策方面，具有非常重要的过渡和缓冲价值，要大力按照《全民健身条例》进行落实实践，让人们享受到公共体育的各项服务。体育社会组织利用对自愿意识、公益性活动的举办、指引、推进群众主动自发地投入到全民健身活动之中，给全面健身活动带来了优良的团队力量，给社会主义精神文明的形成带来了新鲜血液。目前中国的体育社会组织依然在努力的发展和形成，组织数量的多少和结构大小还无法满足体育事业发展的需求。体育事业也不能完全发挥它的作用，依然具有很多需要快速解决的难题。通过体育政府部门和相关部门和体育社会组织的共同作用，产生了一起推进全面健身活动进展的局面，推进我国的群众体育事业科学合理的健康发展。

3. 有效整合群众体育资源，拓宽体育资源领域

从体育的立场层面来讲，我国的体育事业正在缓慢发展和提升，在转型阶段，需要进行一些改变。第一，体育事业一定要符合人民群众对体育健身的标准，一定要朝着多样化的方向进展下去；第二，一定要对竞技体育事业的进展予以更多的关注，以防水平下降；第三，一定要根据市场经济的标准，将体育机制进行改革和创新，让体育机制向着市场化、社会化和产业化发展；第四，一定要大力加强对体育社会组织的发展，让体育社会化发展得更加迅速。体育社会组织的不断发展和扩大，让原本以群众为主体的体育付出体系和服务机构产生了改变，让不同的体育组织在能力允许的情况下向体育社会组织过渡和转型，推动公民的醒悟，满足群众的健身愿望，达到群众对体育活动的需求。

体育社会组织具备政府和人民群众相互沟通交流的连接作用，体育社会组织让体育部门可以不受大部分细微事物的影响，加大整体调控力度，让国家的法规制度可以更加合理有效地实施下去，增强管理级别和决策能

力。另外，体育社会组织作为一个关键的沟通桥梁，不但可以在体育类企业、学术界和新闻媒介之间进行沟通，同时还能够在社会公众之间进行沟通和协调。同时，体育组织可以通过群众基础广涉及范围大的属性，开拓国际合作的途径，加强我国和其他国家的互相交流，担负起这个领域国际沟通的责任，进而变成这个区域国家沟通的主要途径。

（三）体育社会组织与社会建设

1. 完善体育公共政策，推动体育事业发展

从政治角度来看，体育社会组织最大的属性就是它的公益性，自发组织性，同时受到政府的管理和指引，在法律的支持下开始进行各种体育活动，展现在政治上的价值。

体育社会组织在相关程度上还会带动体育立法和体育各级政府的有关制度的变化。现在体育社会组织作为推动我国体育事业的重要组成部分，需要主动投入到体育相关政策的制订当中。体育社会组织已经成为体育群体的形象代言人，它利用自身的影响力，将公民的体育需求展现给了国家，让国家在制定法制法规的时候，可以得到社会公众的大力支持。一部分体育社会组织常常利用媒体和社会的影响力，对体育相关法律制度的实施经过进行监督管控，变为政策制订的监督者，主动作用于公共政策的实施效果。

2. 拓宽经济发展领域，加速市场经济发展

从经济的立场来讲，体育社会组织衍生出来的产品并不属于物质产品，在市场经济全面进展的时候，大力发展非物质产品的生产力度，不但能够将社会生产力发展下去，还可以推动体育公共服务事业的进展速度。体育社会组织属于政府和体育经济部门相互沟通的过渡部门，可以减少社会运行的成本，在体育消费市场的进展具有强大的推动作用。利用社会资源配置、经济结构组建、服务传承递进、群众教育等形式调动群众投入体育活动的动力，加快社会资本的积累、加速资金的转化速度，推动市场经济和社会的大力进步。

3. 推动体育文化交流，促进体育文化传播

体育文化交流是利用群体彼此之间、群体和个体之间、个体彼此之间的相互联系进行展现的；体育文化的实施和展现是依靠体育活动来完成的，各种体育社会组织利用体育活动的沟通将体育文化传播下去。并且，体育社会组织彼此之间、成员彼此之间在传播体育文化，发展体育文化，体育文化间的相互交流能够推动我国民族传统文化的进展。

体育社会组织的各个方面具备的社会职能，展现了其举办的活动对社会各个层面的影响和作用，利用这些特殊职能，体育社会组织才可以在社

会生活中一直发展下去，才能够在生活当中展现其特有的影响和价值。在中国，虽然体育社会组织的进展比较缓慢，现有的体系对体育社会组织的进展和职能的展现产生了相应的影响。可是，伴随改革开放的慢慢加强，伴随社会转型的不断提升、政府制度的变化和社会主义市场经济的进展和改善，特别是最近几年，伴随大型体育活动的开展，我国体育社会组织动员社会资源的能力被慢慢重视起来。体育社团、基金会、民办非企业单位和频繁出现的各种基层体育团体对于我国的体育事业发展进程来说，具有非常重要的关键性和连接性作用。包括中央政府和地方政府都在积极稳妥地推进政府购买公共服务工作，政府以及体育社会组织在公共服务方面的相互合作关系慢慢产生。对社会资本建设和推动的时候，城市和乡镇社区体育组织的大力进展极大地推动了我国群众体育事业的进展，大大推进了我国由体育大国转为体育强国的发展速度。

总而言之，在我国社会主义现代化建设新的进展层面，体育社会组织的地位越发明显地展现出来。关注体育社会组织，让它的积极作用在社会各个层面都慢慢地展现出来，大力重视体育社会组织，可以调动全社会的创造激情、让社会和谐更好地展现出来，同时还可以让小康社会得到妥善的设立、推进和谐社会的全面建设，体育社会组织具备非常重要的作用。

第二章
体育社会组织的发展理论探索

改革开放以来，中国体育事业取得了世人瞩目的成就。作为从事各种体育运动、健身活动的重要主体和组织平台，体育组织为促进我国体育事业发展发挥了积极所用。本章重点分析、探讨体育社会组织的内涵、特点和类型，对体育社会组织发展的内在动力和社会环境也进行了详细的阐述。

第一节　体育社会组织的基本理论

一、社会组织定义

（一）社会组织

从广义的层面来讲，社会组织指的是人们进行共同活动的全部群体方式，涵盖了校园、部队、公司和家族等。以人们从事共同活动，按群体的功能界定或分类社会组织，不同的社会组织有其特定的功能作用。组织社会学对社会组织的定义，是指由2人或2人以上组成的具有共同目标，内部成员组成了关系明确同时又有着一定规矩管理的集体或组织。这一定义明确社会组织属于功能性实体，作为实体，人及人数是社会组织基本的核心构成要素。实际上，现代社会组织种类多样，类似民办非企业单位这样的服务性机构对从业人员的数量并没有特别的要求。社会结构理论将现代社会组织划分成政府、企业和社会组织这三个类别，这三个类别分别代表了政治、经济和社会三个领域的组织方式，对应形成并产生群体公共服务、个人服务和共享服务三大类别的服务。在成熟的社会当中，政府、企业和社会组织这三股力量是平均分布在社会当中的，这三股力量一起组成了当代社会的三大组织支柱和稳固社会的三方力量。

从狭义方面来讲，指的是人们为了相应的社会服务目的，为了达到公共的愿望，自发形成的独立于政府和企业之外，按照章程开展活动的社会组织，其资金来源于政府资助、社会捐赠、赞助和服务收费，也可以指为了服务大众的目的，具有公益性质的，获取的利益不做任何私人用处的，组织本身具备合法的免税权利和给予捐赠人减免税的合法地位的团体。一些学者把社会组织规定为：公益性质的、举办公益活动的、不受党政体系管控的正规的社会团体组织。这些体育社会组织的自治性和志愿公益性程度都是不一样的，不属于政党、宗教和宗族组织的范畴。这种狭义的民间组织主要指的是具有民间特色的组织，这些组织可以满足公益性、自发性、集结性等。

“社会组织”的称谓具有中国特色。国际学界和各国政府明文条例中通常利用很多专业的词语，这些专业性词汇无论使用哪种称呼，本质都是相同的，只不过他们利用不同的立场来主张某一方面的特征，内涵有交叉，但并不完全重合，主要反映了历史、文化、法律和习惯上的差别。虽然称谓不同，但所指内容基本一致，即目的不是为了营利，而是为了举办公益和互益性活动，不属于政府体系的，具备合法的免税地位的组织。其本质属性是非政府性和非营利性。我国对社会组织的称谓经历了较长时间的认识过程。中华人民共和国成立之前称之为“民众团体”。1942年我党领导的边区政府为形成广泛的抗日统一战线，颁布的《陕甘宁边区民众团体组织纲要》和《陕甘边区民众团体登记办法》中将民间发起成立的非营利组织称为“民众团体”。1950年9月，政务院公布了《社会团体登记暂行办法》把社会组织的主体统称为“社会团体”。自那时以来在相当长的时期内，我国将社会组织统称为“社会团体”，并成为相关法规、规章和行政命令的主要用语。受此影响，长期以来人们用“体育社团”的称谓代替或代表体育社会组织。1986年4月12日全国第六届人大四次会议通过的《民法通则》虽经2009年的修订，但在第三章法人规定的四种法人中仍然以“社会团体”统称社会组织，《民法通则》仍未明确“民办非企业单位”和“基金会”的法人地位。1988年民政部设立“社会团体管理司”，统管社会组织事宜；1996年，在中共中央办公厅国务院办公厅印发的《关于加强社会团体和民办非企业单位管理工作的通知》中首次出现“民办非企业单位”称谓，社会组织包括社会团体和民办非企业单位两种法人形式。1998年10月，国务院公布施行《社会团体登记管理条例》《民办非企业单位登记管理暂行条例》《基金会管理办法》三部行政法规，明确社会组织包括社会团体、民办非企业单位、基金会三种法人形式。根据这一变化，在1998年机构改革中民政部“社会团体管理司”亦改为“民间组织管理局”。2000年国家体育总局、民政部颁布《体育类民办非企业单位登记审查与管理暂行办法》，这也是我国目前唯一的法定体育类社会组织。“社会组织”一词首次出现在官方文件中是在2006年党的十六届六中全会《中共中央关于构建社会主义和谐社会若干重大问题的决定》中，并在2007年党的十七大报告中进一步确认，替代之前广泛使用的“民间组织”的称谓。

目前，我国有社会团体、民办非企业单位和基金会三种法人类社会组织，其共性是非政府性、非营利性，但其法人治理结构、服务方式和服务对象等也存在明显差异，如相关法规规定社会团体是会员制组织，会员是社会团体存在的基础，而有一些相关政策却规定基金会和民办非企业单位是非会员制组织，财产是其存在的基础；而且同为财产聚合组织的基金会和民办非企业单位在服务形式等方面也存在不同，如基金会为资助型服务机构，其更注重资金的使用方式，而民办非企业单位服务型机构，服务手段和方式对其服务水平和质量有重要意义。在法人治理结构中，社会团体与民办非企业单位和基金会明显不同，社会团体的最高权力机构是会员大会或会员代表大会，而基金会和民办非企业单位的最高决策机构是理事会。社会团体在我国具有广泛的影响力，这主要是其发展历史源远流长，会员来源于各个领域，社会生活的参与程度和社会影响力要比民办非企业单位和基金会大。

（二）体育社会组织

"所谓体育社会组织，指的是进行不同形式的体育运动、健身活动的组织。"这一定义是民政部2007年8月28日发布的《民间组织分类标准及指标解释》根据体育社会组织特有的功能属性做出的解释。采用组织功能定义可能意在区别其他社会组织。2003年国家统计局发布的《国民经济行业分类与代码》体育组织的定义也是根据其组织功能而做出的，即"所谓体育组织，指的是专门进行体育赛事、锻炼、指导和管控的组织的活动"。上述定义具有法定属性。具体到实践中，其意义体现在如下方面：一是，管理实践区别于其他社会组织；二是，政府认定是社会组织获得民事法律主体资格和合法地位的前提，获得法人登记、减免税收和承接政府购买服务资质的条件；三是，政府制订社会组织的分类标准和评估检查的内容；四是，政策层面明确体育社会组织的性质。社会组织的本质属性指的是非政府性，也非营利性。综合本质性质和专有性质给体育社会组织进行了以下概念的指定：所谓体育社会组织，指的是人们自发集结而成的，为了达到一定的体育服务目的或相同的体育意识，根据计划进行多种体育活动和健身运动的，公益性和民间性的社会团体。中国的体育社会组织含有：体育社会组织、体育民办企业、体育基金会和没有注册过的体育社会组织（亦称草根体育组织）。现行的《民间组织分类标准及指标解释》将我国社会组织分为经济类、科技类、社会事业类、慈善类和综合类等五大类，14个门类。体育社会组织属于社会事业大类，体育门类。

（三）社会团体

社会团体是人类社会非常普遍的社会组织之一，属于会员制社会组织。在本质上，社会团体是指基于一定关系组成的人际共同体；或指由共同意愿、追求、兴趣的人聚集在一起，内部成员形成一定的关系结构和共同规范的群体或集体。1998年10月25日国务院颁布实施的《社会团体登记管理条例》对社会团体的定义是："所谓社会团体，指的是中国群众自发形成的，为了达到会员的共同目的，根据计划举办活动的公益性的社会团体"。社会团体属于会员制度的社会体制，它最为突出的特点，也是社会团体与民办非企业单位和基金会显著的区分。《德国民法典》将社团分为人合组织和财合组织，所谓"人合组织"就是以人的聚合为设立条件和基础的组织。一般应涵盖如下一些要点：组织的主体身份是自然人、法人和其他组织；组织的目的和责任都是会员共同认可的；成员根据自发、公平的原则投入到社会活动中，行使社会权利，并承担相应的社会义务；有符合自身特征的治理体系，包含相应的计划章程，会员会议、代表会议、监事会、秘书处等相关机构体系。

（四）体育社会团体

根据组织作用和属性划分，可以将体育社会团体看成人们自发形成，为了同一个体育目的，根据章程举办活动的公益性的社会组织。体育社会团体在达到群众的共同体育愿望、维护争取体育权、组织开展竞赛活动、普及推广体育运动、提高运动技术水平和提供专业化体育服务等方面具有独特功能和作用。作为体育社会组织的主要组成元素，体育社会团体具有很大的数目，在当前，中国具有法人登记资格的体育社会组织里面，体育社会团体占比达到60%左右，未登记的体育社会组织（草根体育社会组织）中体育社团体占比约90%以上。按照服务对象和范围区分，体育社会团体包括体育总会、体育单项协会、人群体育协会、行业体育协会、体育科学学会和未登记体育社会组织等；按照组织性质和任务区分，体育社会团体涵盖专业性、学术性、行业性和联合性社团，其中以学会、研究会命名的为学术性体育社团，如中国体育科学学会等；所谓行业协会，指的是相同行业的专业人员成为会员，为整个行业进行服务，这个协会具有公益性质和会员性质。除此之外，一些行业性体育社会团体也具备公益性和会员性质，如中国体育产业协会、体育场馆协会等；以从事某种运动项目普及推广、提高，服务于项目发展的是专业性体育社会团体，如篮球运动协会、足球运动协会、游泳运动协会等；以具有沟通交流、维护权益、人群协会为主的是联合性体育社团，如体育总会、老年人体育协会、农民体育协会等。这里需要说明的是部分代表行业人群的协会，如火车头体育协会、银鹰体育协会虽然是由行业发起成立的，但不具有行业协会的属性，虽然不具有行业企业的突出性质，却依然归属为人群体育协会范畴。

（五）民办非企业单位

所谓民办非企业单位，指的是企事业、社会组织和公民自身，通过非国有资产展开的，进行公益性的社会服务活动的社会组织。

所谓民办非企业单位，主要是通过社会的力量举办的实体型、公益性的社会服务机构，主要是提供专业化的社会服务。举办主体不一样，属于民办非企业单位和事业单位最明显的区分，其他如组织宗旨目的、服务对向、服务标准、基本条件要求等应该是一样的。民办非企业单位的治理结构与企业一样，即法人治理，但组织宗旨目的和运作目标不一样，民办非企业单位不以营利为目的，而企业则是以营利为目的。1999年民政部公布的《民办非企业单位登记暂行办法》把民办非企业单位分为教育、科学、文化、卫生、体育、劳动、民政、社会中介服务、法律、其他等十类，其中体育单列为一类。民政部2006年对《民政事业统计台账》分类方法进行修订，并于2007年公布了新修订的《民间组织分类标准及指标解释》，新标准中民办非企业单位分为五大类，14小类，见表2-1。

表2-1 修订前后民办非企业单位分类对照

大类	序号	修订后民办非企业单位分类	序号	修订前民办非企业单位分类
经济	1 2	工商服务类 农业及农村发展	8	社会中介服务业
科学研究	3	科学研究	4	科技
社会事业	4 5 6 7 8	教育 卫生 文化 体育 生态环境	1 2 3 5	教育 卫生 文化 体育
慈善	9	社会服务	6、7	劳动民政
综合	10 11 12 13 14	法律 宗教 职业及从业者组织 国际及涉外组织 其他		法律服务业 其他

（六）体育类民办非企业单位

所谓体育类民办非企业单位，指的是企事业、社会组织、其他社会力量和公民自身通过公益资产开展的，公益性质的，为了举办体育活动而展开的，民间力量组成起来的各种院社、场馆和俱乐部等社会团体单位。体育类民办非企业单位属于当前我国仅有的法律允许的体育类别的社会组织团体，是一种公益类别的服务体系，是由社会力量形成起来的。它的主要职能是给社会带来专业性的体育服务。《体育类民办非企业单位登记审查与管理暂行办法》规定体育类民办非企业单位可以从事以下五类业务：第一是体育健身的技能辅助和服务；第二是体育娱乐和休闲的技能辅助、管理和服务；第三是体育赛事的表演、管理和服务；第四是体育人才的锻炼和技术训练；第五是另外的体育类型的活动。

体育类民办非企业单位是不以营利为目的民办的体育社会组织，其获取发展资金的来源主要有以下四个方面：一是接纳慈善捐助；二是接纳政府机构、企业机构、社会团体和群众自身的资金辅助；三是给社会带来和业务有联系的有偿服务所获取的利益；四是通过另外的途径获得的合法利益。当前我国体育类民办非企业单位的普遍组织形式是青少年体育俱乐部，占比约80%以上。民办武校由于其具有学校性质，按教育类民办非企业单位登记。

（七）基金会

所谓基金会，就是指通过自然人、法人和其他团体捐助的资金，进行公益性质的，根据相应规定建立公益性的法人。和不同的基金会比起来，体育基金会属于体育公益慈善组织的关键运营机构，对于辅助和推进体育慈善事业的进展，更加具备目的性。中国的体育基金会大致可以划分为三种类型：一是官办民助型基金会，通常指的是有政府支持的、通过社会捐助形成的体育基金会；二是公募类基金会，根据资金的募集地域不同，可以将基金会分为全国性和地方性。至于全国性的公募体育基金会来说，它的募捐区域遍布全国各地，但是对于地方性公募体育基金会来说，捐助的范围是一定的，是有限制的；三是民办官助型基金会，主要是指不得面向公众募捐的非公募和境外体育基金会两种。截至2013年，我国有公募基金会1368家，其中公募体育基金会26家，占1.9%。在26家公募体育基金会中，全国性体育基金会有3家，分别是中国关心下一代健康体育基金会、中国教师发展基金会和中华全国体育基金会；其余23家为地方性公募体育基金会。2013年我国非公募基金会2031家，非公募体育基金会共有20家，占0.98%。在20家非公募体育基金会中，全国性体育基金会有2家，即萨马兰奇体育发展基金会和桃源居公益事业发展基金会，另外18家为地方性非公募体育基金会。

社会性是基金会的本质属性，其设立的唯一目的是公益，最大特点是以公益为目的且是一个财产的集合。基金会的主要功能包括：通过发挥其在募集资金吸纳资源方面的独有优势，减轻财政负担，完善公共服务，传播公益理念，弘扬公益文化。从2002年开始，我国体育基金会的发展逐渐加速（但是比起其他慈善类别的基金会显得发展迟缓），尤其是非公募基金会的数量越来越多，名人和企业基金会的数量也慢慢扩大，各种体育基金会数量也慢慢增多，体育基金会在我国的体育事业进展中的职能也越来越明显。

（八）未登记体育社会组织

未登记体育社会组织（草根体育社会组织），是指那些不具备法人条件，未在民政部门进行登记，为满足共同体育需求自愿发起成立的体育组织，组织成员形成一定的关系结构和共同规的自治集体或群体。这类体育社会组织的人员组成及形式类别十分复杂，但目的很明确，就是为了满足体育健身、兴趣、爱好和需求，包括全民健身站点、健身团队、基层体育协会、健身俱乐部和体育兴趣人群等。只要未在民政部门登记的以体育为目的的无论是实体性的还是非实体性的都属于未登记体育社会组织。也有人将这类组织称为“自发性群众体育组织”，但这称呼需要商榷，因为社会组织无论是法人登记的还是未登记的都是自愿发起成立的，自发性是所有社会组织的特有属性之一，无论是否登记。我国城乡基层社区未登记体育社会组织是社区社会组织的组成部分。培育发展社区会组织是当前我国社会建设总体布局中重要的基础建设。党的十八大报告提出：要更加注重社会组建，促进社区社会组织合理、优质地进展下去，彻底展现社区社会组织在社区建设和构建和谐社会中的积极作用。有学者根据自己的调查和数据推测全国未登记的社会组织数量10倍于在册的社会组织数量，这与事实应该不会有太大出入。民政部2015年6月10日公布的《2014年社会服务发展统计公报》的数字显示，到了2014年年末，中国的社会组织数量总数达到了60.6万个，据此推算我国未登记社会组织数量至少在600万个以上。民政部公布的数字显示2014年底我国法人类体育社会组织总数为2799个，以此推算，我国城乡基层社区未登记体育社会组织（草根体育社会组织）数量至少在30万个以上，实际情况可能高于这一数字。

我国对社会组织实行属地注册登记与备案管理制度，具备法人条件的须在当地登记管理机关进行注册登记，不具备法人条件的社会组织则按相关法规规定需要进行备案登记。备案是为了解决不具备法人条件社会组织的合法性问题，也就是对那些不具备法人条件，且活动范围限于居住社区的社会组织，必须要备案注册。因为这些社会组织的数量越来越多，目前备案登记还处于探索阶段，各地进展情况不同。尽管未登记的体育社会组织在城乡基层社区属于数量最多的一类，但亦未发现有专门的备案登记制度。2012年在广东省民政厅印发的《关于培育发展城乡基层群众生活类社会组织的指导意见》中对申请备案登记的社会组织应具备的条件进行了清晰的确定：“有正规的团体称谓、活动规则，社会组织的会员人数达到五人以上，主要负责人没有经受过政治权力被掠夺的刑事惩罚，同时负责人可以自主独立的担负起民事责任。”同时对活动范围不同的社会组织的备案部门也有明确规定在乡（镇、街道）范围内活动的群众生活类社会组织申请人可直接向（镇）人民政府及街道办事处申请备案。在社区、自然村范围内活动的群众生活类社会组织申请人可向村（居）委会提出申请，村（居）委会收到申请后，应在10个工作日内给予书面答复。经过村（居）

委会同意后，报乡镇政府（街道办事处）备案。

二、体育社会组织的特性

对于社会组织的属性，学者普遍觉得，非政府和非营利性属于现代社会组织的关键特性和本质特征。此外，学者也从不同角度对其有不同的概括，主要是根据其宗旨与任务以及形成自身的组织属性或特性而言的。有两方面特性说，即官民二重性；三方面特性说，即非营利性、非政府性、志愿的公益性或互益性；四方面特性说，即非营利性、自主性、志愿性、公益性；五方面特性说，即组织性、私有性、非营利属性、自治性、志愿性，或非营利性、民间性、社会性、志愿性、组织性；六方面特性说，即规性（有章程）、私立性（非政府）、非利润分配性（非营利）、自我治理性、志愿性、专业性；等等。甚至有十方面、十一方面特性说。上述特性中非政府性和非营利性是社会组织的本质属性，而志愿性、民间性、组织性等属于社会组织特殊的性质，这些组织的特殊性质将社会组织和自由人群的集结、国家机关、企业、血缘组织区分开来，形成明显界限。体育社会组织具有社会组织特性，体育功能则是其特有的属性。

（一）非政府性

所谓非政府性（民间性）就是体育社会组织不由官方支配，由民间力量构成，不属于政府组织体系的范畴，不受政府控制的属性，强调的是其自主性。按照我国《民法通则》规定，在民事活动中社会组织与政府在法律地位上都具有独立的人格，地位平等，互不存在隶属关系，亦不存在替代关系。非政府性是社会组织的本质属性。在目前还存在政社不分的情况下，有必要从法律角度明确社会组织的非政府性。理性地看，政府与社会组织之间应该是一种合作互补的关系，尽管两者的使命都是围绕争取维护权益和慈善公益的主线展开，但各有所长。政府提供一般公共产品（也称基本公共服务）可称为“一刀切”的服务，如公共体育场地设施，其使用具有非排他性和外部经济效益特征，即公民普遍受益；而社会组织提供的是“差异性”公共服务，如在公共体育场地设施活动的人们健身方式和组织方式有很多种，政府无法满足这样多形式化的群众要求。健身也是一种持续性、不间断的活动，而持续地提供“多样化”的公共体育服务恰恰是体育社会组织的优势所在。社会组织适应社会需求而生，利用给予政府的共享产品或者服务起到填补功能的公共产品的形式来达到人们的要求，以实现组织宗旨和使命。因此在欧美国家非营利组织和政府属于一种形式多变的相互合作的关系。例如，美国是世界上非营利组织发展最先进的国家，相当数量的政府公共服务都由非营利组织提供的，非营利组织代为实行了部分政府职能，政府通过购买服务或财政补助来支持非营利组织发展，政府补助是美国非营利组织重要的收入来源。可见，社会组织在作用上拥有相应的社会公共性质、具备相应的社会公关能力、代表一定社会群体共同利益或者公共利益，但社会组织与政府还是在设立基础、治理结构、经费来源、功能作用、运作方式等多个方面存在差异。具体从三个方面看两者间的差异：一是从职能作用的角度来看，体育社会组织有自身独特功能作用，主要服务健身理念的传播、项目普及推广和竞赛活动开展的共性事物，可以满足社会多样化需求的服务，但因受到掌握资源及能力的有限性，所以其服务对象和范围是有限的，而政府主要服务覆盖面广，具有基础性、公共性的事物，即“一刀切”公共服务，如公共体育场地设施建设；二是通过资源的使用方面来看，体育社会组织的经费主要来源于服务收费、会员费、社会募捐、政府资金扶助等，资金来源方式多样化，但是取得的方式必须要在自愿的前提之下才能完成，所以资源获取的多少往往与组织筹措资金的能力、社会动员的能力及提供服务的能力有较大关系，但是政府使用的资源多半来源于公共财力，通常通过强制性征税体系取得；三是通过目的的实现、责任的完成和政策的设立来看，社会组织与政府的目标一致，但治理结构不同。社会组织作为扁平化组织，与其他组织之间不存在隶属关系和上下级关系，它主要依靠自律自治实现组织管理，而当前体育社会组织存在的问题就是与行政部门是一种隶属关系、上下级关系，致使其没有能力实现自律自规，这种治理结构具备特殊的行政化属性。另外，社会组织处在民事主体的位置，社会组织的活动通常受到民法的约束和限制，当事人在民事活动中具有一定的地位，同时具备自愿平等、诚实守信的规则，所以提供服务不是靠行政指令，没有强制性的手段和方法，而是在志愿精神主导下提供高水准服务。相比之下，政府履行职能的方式手段就比较多，既可以采用民事方式的协商、购买等，亦可采用行政手段的表彰、赞赏、规定、惩处和强制，尤其是法律保证下的强制手段属于政府组织有别于另外社会团体的基础特征。

（二）非营利性

这种性质指的是活动的目的不是为了营利，而是具有公益性质，运营之后得到的资产不会用在个人和组织自身上面。不将营利作为经营目的，并不是要求社会组织就此停止经营活动，而是仍旧可以通过提供收费性服务或开展营利性活动赚取利润，只是不能以营利为组织存在的目的，得到的利润也要应用于组织活动中，而非交给利益相关者。这就是国际上对非营利组织普遍适用的“非分配约束原则”的核心内涵，这一原则既是对社会组织本质属性——非营利性完整的诠释，也是社会组织区别于企业的根本特征。社会组织与企业最本质的不同就是企业以营利为目的，实现经济利益最大化，而社会组织不为了获得利益而进行，达到社会利益的最高标准，社会组织和企业最大的共同点就是结构的治理，同为自治性组织，社会组织的权力机构是会员大会或会员代表大会，企业当中，最高的权力代表是董事会，社会组织的权力代表是理事会，企业的执行力由运营团队来执行，两者的监督机构都是监事和监事会。另外，在运作形式、经营方式、标准化、服务宣传和诚实守信等方面，两者都有共同之处。主张体育社会组织实践化和市场化，重点是在治理结构和规则方面吸收和采纳企业的优点和长处，对内部结构的改进和改善，第一点就是要将组织机构进行整改，包含会员代表大会和理监事会的体制和机构，第二点就是要吸收、采纳、学习和了解并且使用企业经营的运行形式，不但要获取利益，还要将钱用在刀刃上，利用相关规定和原则让资金的使用正规合法。

现阶段，人们对社会组织非营利性的认识存在误区，许多人把非营利性理解为免费，这也成为部分体育社会组织不愿与行政机关脱钩的原因。从国际上来看，对非营利组织的非营利性的认识也历经了“禁止营利”到“不以营利为目的”再到“非分配约束”的过程。当今，在国际上对非营利组织实行全面营利禁止的国家数量很少，大部分国家对非营利组织的经营活动使用相应禁止的政策，并且重点利用税收政策来平衡和管理非营利组织的经济活动，以确保其非营利性的合理性。商业化运作是非营利组织维持机构运作和完成公益使命的方式，由此也带来了一个世界性难题：就是如何界定营利与非营利。为此，各个国家都会设定一些标准认可社会组织的一些经济行为，而禁止另一些经济行为，从而形成对社会组织的营利禁止。这里的“营利禁止”亦称“非分配约束原则”，并非是禁止有任何营利行为，其核心内涵就是经营产生的利润不能向任何人分配。“营利禁止”或“非分配约束原则”构成当今世界各国特别是欧美国家对非营利组织经营活动的重要约束。

我国对社会组织“非营利”的认识经历了从“禁止营利”到“不以营利为目的”的过程。2007年11月28日国务院常务会议通过的《中华人民共和国企业所得税法实施条例》明确了公益性社会团体是“以发展公益事业为宗旨，且不以营利为目的”“收益和营运结余主要用于符合该法人设立目的的事业”的组织。

（三）组织性

所谓体育社会组织的组织性，是指作为自治性组织，社会组织是一个有着自身宗旨目的的、依靠自治自律的自我运作组织。这里所讲的组织性与政府组织的“科层制”有着本质的区别。社会组织作为一个扁平化的组织没有所谓的上级领导，有他治，但主要不是依靠他治来实现组织宗旨和完成组织使命的，依法自治是社会组织性的显著特征。为此，任何一个社会组织都要有明确的组织目标和使命，其活动都要围绕组织目标和使命展开；要有明确规定组织宗旨与使命的章程、治理机构、职位设置和工作机制，有成立机构、机构管控和停止运行等方面的规则，保证它实行的正规性和合法性，促进组织行政效率。组织性对体育社会组织十分重要，因为体育活动是利用体育项目来进行的，属于群体性的活动类别，就算是个人项目也应该利用群体对抗分出胜负。每个项目都有自身规律、技术技能、规则和方式方法，对组织性严明的规范要求。体育社会组织按照项目或活动竞赛的组织原则发起成立。

（四）志愿性

社会组织具有公益性质，无论是参与者还是发起者，还是组织者，都需要具备自愿意识，具备牺牲和奉献的精神，不求一己之私，只为了获取公共益处。所谓体育社会组织的志愿性，是指人们自发组成并投入到体育社会组织当中，通过闲暇时间主动投入到体育维权、体育知识宣传和普及、讲解体育技能和组织开展运动等公益活动。志愿性是体育社会组织的明显属性。体育志愿者属于美国国家群众体育的基础力量，没有体育志愿服务，就不可能有其大众体育的蓬勃发展。体育志愿者主动通过自己的闲暇时光投入到社区体育活动当中去，进行指导、管理和维权等相关的志愿服务活动。例如，在英国十几万的体育俱乐部当中，将近几十万名的志愿者自愿承担起体育指导的责任。

（五）专业性

体育运动实践性强，技巧性要求高。掌握合理的必要的运动技术技能是完成动作、获得运动乐趣、取得活动效果和减少运动损伤的基础，同时每个运动项目亦有统一的活动规则和技术标准要求，其专业化程度很高，需要通过专门化的培训和练习掌握。体育社会组织是专业进行多种形式的体育和健身活动的组织，所谓专业性，指的是体育社会组织区别于其他社会组织的特有属性。国内外大部分体育社会组织都是按运动项目或者是为了满足人们对某个项目的需求而发起成立的，通过这样一种组织形式，把从事共同运动项目的专业人群或对某个项目有共同兴趣爱好的人聚合在一起，以促进项目专业水平提高，或以普及推广为组织使命，并为实现这一使命共同努力。人群体育协会通常也是以开展运动项目活动为组织宗旨或主要业务。

（六）自发性

自发性是体育社会组织的主要特性之一，即体育社会组织既不因行政指令而设立，也不因企业的营利目的而成立，而是由那些有着共同体育兴趣、爱好和需求的人们聚合在一起，平等协商后自愿发起成立。自发性的显著特点就是发起者的行为决定不是在外在压力下做出的，而是共同意愿的人们聚合，或以共同的体育兴趣、爱好为组织宗旨，或以促进某项运动的发展为组织使命，并以此联系形成一个共同利益的群体，组织成员地位平等，可以自由加入或退出。一般来说，由人们自愿发起的组织具有较强的活力，比较通俗的解释是，发起成立自己的组织，功利色彩较淡薄，共担责任、共享成果不需要动员或指令，一切都是“我愿意”。目前城乡基层社区未登记体育社会组织（草根体育社会组织）的自发性特征较为显著，这类组织具有较强的凝聚力，参与积极性较高。

（七）共益性/公益性

所谓公共利益，主要包括公益和共益两个方面。所谓公益，就是指大多数人的利益，不但具备共享性，还具备普遍性；所谓共益，就是指在一定的领域内让一部分人共同获益，具备相应的空间特性和群众特性。公益在公共利益的整个范畴内，属于最低级别。无论是公益还是共益，都具备利他的属性，但是获取利益的对象范围却是不一样的。社会组织带来的是具备竞争属性的公共物品和服务。竞争性公共物品或服务含有两个层面的含义：一是给社会不固定人员带来公益性公共服务，它的利益获得者是全部的社会人员，并没有对受益人员做出准确规定。例如，体育类民办非企业单位是具有代表性的公益性体育社会组织，作为实体性、专业性服务机构，主要是向社会不特定成员提供体育专业服务；二是面向社会特殊人员带来共益性公共服务，它的获益者是在一定条件下的特殊人群，对于社会团的会员不具有排他性，只要是会员都可以参加，获得服务。大多数体育社会团体谋取会员这一特定群体的利益，是共益性组织。不论是体育总会、体育单项协会、人群体育协会、行业体育协会等，都有一个共同的特性，那就是满足社会特定成员，即会员的利益，这些利益包括会员优先参加协会组织的活动、优先获得协会的相关服务、优先使用协会的相关资源等。也有少数体育社会团体不谋求会员自身的特殊利益，而是面向社会不特定多数提供服务。例如，社会体育指导员协会、体育志愿者协会等，这类体育社会团体属于公益性社团。

三、体育社会组织的分类

如果说社会组织的定义和特性主要展示的是其共性，而分类则区别了多种多样社会组织间的不同。分类既是统计和评估工作的重要工具，也是从事实际管理工作及研究分析的主要依据，同时也是发挥社会组织作用，指引其正规合理的进展的基本工作和前提工作。可是，当前给社会组织进行的分类并没有明确的标准，实践中大都根据需要进行分类。有按法律地位分类的，有按组织功能分类的，有按活动地域范围分类的，有按规模大小分类的，有按公益程度分类的，有按活动领域分类的，有按资金来源分类的。所有这些分类方法都各有特点和侧重。国内外主要的经济社会分类指标体系都将体育社会组织作为单独一类，如联合国的“国际标准产生分类体系”按照“主要经济活动”情况，把所有组织归入17大类，62小类，各小类又划分为几个分项，其中非营利组织包括3大类，11小类，体育社会组织被归入“其他社区、社会和个人服务”大类，“休闲、运动和文化活动组织”小类。国家统计局2003年7月30日发布的《国民经济行业分类与代码》将体育组织划入第三产业的文化、体育和娱乐业中的体育大类体育组织小类。

（一）按组织功能分类

国际上普遍采用按组织功能分类，如联合国“国际标准产业分类体系”主要遵循的是给全部的经济活动分类都是根据产业类型来进行划分，并不是依据职业、产品所有制形式、工作方法、原材料特性或产品用途划分。体育组织分在艺术娱乐和休闲类中。美国国家税务局使用的美国慈善统计中心免税团体分类体系把非营利组织分成26大类，其中休闲和运动列为一大类。我国民政部2006年为了规范社会组织的统计管理，在采纳和借鉴联合国建议的国际类别划分系统的前提下，面对我国社会组织的每一个阶段的发展特征，根据社会组织职能，把社会组织（主要法人类包括社会团体、民办非企业单位、基金会）分为经济、科学研究、社会事业、慈善和综合五大类，再细分为工商服务业、农业及农村发展、科学研究、教育、卫生、文化、体育、生态环境、社会服务、法律、宗教、职业及从业者组织、国际及涉外组织和其他14个小类，见表2-2；把社会团体分为学术性、行业性、专业性和联合性4类；把民办非企业单位分为五大类，14个小类，见表2-3；按照性质和功能将基金分为公募和私募两类。上述国内外分类都将体育单独列为一类，说明体育社会组织是具有自身特殊功能及形式的社会组织。

表2-2　社会组织分类标准及指标解释

大类	门类	代码	类别名称	指标解释
经济	S	1	工商服务业	从事工业、商业、服务业等经济类组织，包括商会
		2	农业及农村发展	直接为农业及农村发展服务的组织
科学研究	M	3	科学研究	从事自然科学、社会科学研究的组织，包括思想政治工作研究会
社会事业	P	4	教育	从事各种教育活动的组织
	Q	5	卫生	从事各种医疗、卫生、保健服务的组织
	R	6	文化	从事文学、艺术、娱乐、收藏、新闻、媒体、出版等方面的组织
		7	体育	从事各种体育活动，健身活动的组织
	N	8	生态环境	从事动物、植物保护，环境保护以及环境治理的组织
慈善	Q	9	社会服务	从事社会福利、救灾救助、社会保障及社会事务的组织
综合		10	法律	从事各种法律研究、咨询、援助、代理的组织
	S	11	宗教	各类宗教及宗教交流组织
		12	职业及从业者组织	职业协会、专门行业从业者组织
	T	13	国际及涉外组织	国际性非营利组织、外国商会、境外非营利组织驻华机构等
	K	14	其他	校友会、友好协会，以及其他未列明的组织

资料来源：《民政部办公厅关于修改民政事业统计台账民间组织分类的通知》，2007。

表2-3 2008版民办非企业单位分类

大类	序号	单位分类
经济	1	工商服务业
	2	农业及农村发展
社会事业	3	教育
	4	卫生
	5	文化
	6	体育
	7	生态环境
慈善	8	社会服务
科学研究	9	科学研究
综合	10	法律
	11	宗教
	12	职业及从业者组织
	13	国际及涉外组织
	14	其他

资料来源：《民政部办公厅关于修改民政事业统计台账民间组织分类的通知》，2007。

（二）按法律地位分类

法律认定是社会组织重要的分类标准，是社会组织获得民事法律主体资格和合法地位的重要前提，具有较强的操作性和实用性，主要用于社会组织的登记注册和税收减免。我国按法律地位可将社会组织分为免于登记、法人登记和备案登记三类，如图2-1所示。

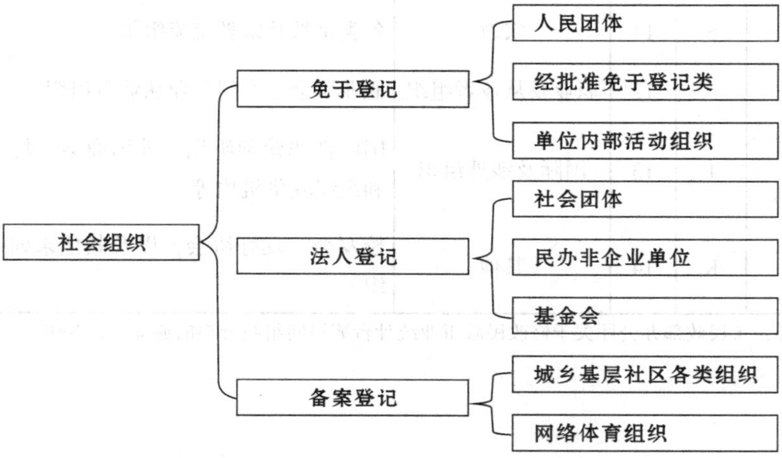

图2-1 社会组织按法律地位分类

（1）免于登记。免于登记社会组织在《民法通则》和《社会团体登记管理条例》中有明确界定。《民法通则》第三章第五十条对免于登记社会团体的条件做出规定，即“具备法人条件的事业单位、社会团体，依法不需要办理法人登记的，从成立之日起具有法人资格”。1998年由国务院公布的《社会团体登记管理条例》第三条第三款对免于登记的社会组织范围给予明确：“下列团体不属于本条例规定登记的范围参加中国人民政治协商会议的人民团体；由国务院机构编制管理机关核定，经国务院批准免于登记的团体；机关、团体、企业事业单位内部经本单位批准成立，在本单位内部活动的团体”。根据民政部《关于对部分团体免于社团登记有关问题的通知》（2000）和《关于对部分社团免于社团登记的通知》（2000），至2016年，我国免于登记的社会团体共有33个，数量有限但具有很强的政治和行政色彩，有相应的行政级别和行政编制，其领导机关与各级政府机构同设，由国家给予正式的编制，承担一定的行政职能。国务院于1983年和1985年两次确认了全国总工会等7个人民团体为部级单位，确立和巩固了人民团体在国家体系中的地位。参加政协的各人民团体，《宪法》赋予其在政治协商、民主监督和参政议政的权利和义务。可见，免于登记社团的地位是由法律确定的。体育社会团体不属于免于登记社团。目前，省级及以上由体育行政部门发起成立的体育社团大都享受参与管理单位的政策，有人员编制，有行政级别，但不能将其等同于免登记，法律没有赋予体育社会团体免于登记的地位。

（2）法人登记。法人登记是社会组织成为具有独立承担民事责任能力的民事主体的必备条件。我国法人登记的社会组织包括社会团体、民办非企业单位和基金会等三种，相对应的法规包括《社会团体登记管理条例》《民办非企业单位登记管理暂行条例》《基金会管理条例》。体育社会组织不属于免于登记的社会组织，为此具备法人条件的体育社会组织应当依法登记注册，以获得合法地位和取得享受优惠政策的资格。截至2013年底，我国法人类体育社会组织有28263个，其中体育社团7869个，体育类民办非企业单位10353个，体育基金会41个。

（3）备案登记。未达到法人条件的体育社会组织亦称为未登记体育社会组织或草根体育社会组织，应根据其活动范围在经属地民政部门授权备案管理的乡（镇、街道）或村（居）委会做备案登记；没有授权的应到属地管理机关进行备案登记，如图2–2所示。

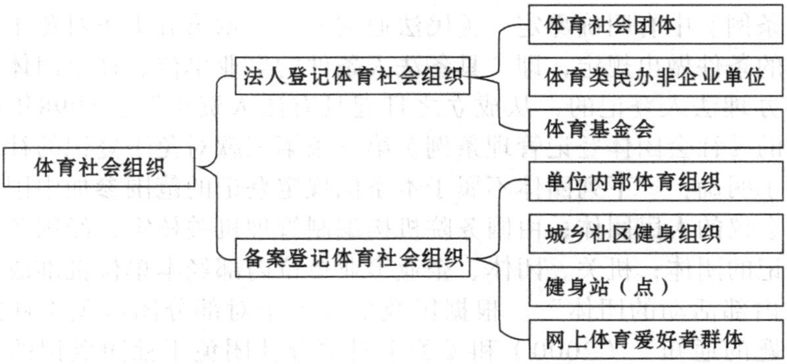

图2-2 体育社会组织按法律地位分类

（三）按业务范围和会员组成特点分类

将社会团体分为学术类、行业类、专业类和联合类等4种类型，这几类社团中都有体育社团。

（1）体育学术性社团是开展体育相关科学研究的社会组织或体育学术性社团。一般以学会、研究会命名，如中国体育科学学会、中国体育战略研究会等，它主要是满足会员提高学术水平、业务能力，开展学术交流，提供政策咨询和社会服务。

（2）体育行业性社团，是以体育相关的同行企业或企业家作为会员服务于行业的共同事务和共同利益的非政府的“共益性”会员组织。体育行业性社会团体可发挥行业规范、行政服务、行业自律、行业沟通等职能。体育行业性社团主要是经济性团体，如体育产业协会。

（3）体育专业性社团，主要是由体育专业人员组成或以提高专业技术推广和普及运动项目，提高运动成绩而成立的体育社会团体。它不是同一行业的自律性组织，而是同专业的自律性组织，一般以体育单项协会命名，如篮球协会、网球协会等。体育专业性社团作为专业性组织其所追求的是运动技术的提高及其技术价值的社会实现。体育专性社团是我国体育社会团体的主体，在运动项目的推广、普及运动成绩的高中发挥了不可替代的重要作用。

（4）体育联合性社团，是人群的联合体或体育学术性、体育行业性、体育专业性团体的联合体。一般以总会、联合会命名，如体育总会、老年人体育协会、农民体育协会、学生体育联合会等。

民政部按照活动领域对社会团体分类，有利于加强对社会团体组织的分类指导，更好地同国民经济行业分类标准及联合国推荐的非营利组织分类标准衔接。从2007年以来，社会团体已经按照此分类标准进行统计。

（四）按组织基础分类

社团法人和财团法人设立的基础、内部治理关系、组织结构、运作模式、适用法规均有所不同，甚至在一些发达国家税收优惠政策亦有所不同社团法人以自然人为基础，亦称“人合组织”，如我国社会团体属于社团法人。财团法人以特定的财产为基础，亦称“财合组织”，我国民办非企业单位和基金会属于财团法人。财团法人还可进一步分为两种类型：一种是资助型财团法人，即以一定的财产资助特定的公益行为，如以扶贫、救灾、预防疾病等实现组织使命的各种公益的基金会，体育类基金会属于资助型财团法人；另一种是服务型财团法人，即面向社会不特定人群，以提供特定的公共服务为实现组织使命的社会服务机构，如社区体育俱乐部、青少年体育俱乐部等。

（五）按受益面及程度分类

受益面是判断公益性还是互益性的一个重要标准。面向社会不特定体育类人群提供服务的属于公益性社会组织，即不是向某一类人或一部分人提供服务，如民办非企业单位属于公益性社会组织；面向社会特定人群提供服务的称为互益性社会组织，亦称部分公益或有限公益，这类组织有边界、有条件，只有成为组织成员方可获得相应的服务，费用免费或者低价，内部存在公益性，当然也对外开展公益性活动。大部分会员制社会组织都属于互益性社会组织。

按受益面及程度分为互益性体育社会组织和公益性体育社会组织。大部分体育社团属于互益性体育社会组织，主要为会员提供相关服务。例如，属于联合性社团的中华全国体育总会，作为联结政府与社会组织之间的桥梁具有枢纽作用，为会员提供与体育部门的沟通、联系服务，相对其他类别的体育社会组织，中华全国体育总会具有更多的公益属性。体育专业性社团体育行业性社团和体育学术性社团具有典型的互益性社会组织特征。体育专业性体育社团主要是以普及、推广、开展、提高某个体育项目作为组织宗旨或使命，由专业人员和爱好者自愿组成的社会团体，如单项运动协会、社会体育指导协会等；体育行业性社团主要是以某个特定行业内特定人群作为服务对象，为了普及和推广体育运动，维护行业人员及特定人群参加体育活动的权益和实现共同兴趣而自愿发起成立的体育社会团体，如火车头体协、银鹰体协、石油体协、老年人体育协会等；体育学术性社团是以开展体育科学研究为组织宗旨和使命的社团，如体育科学学会及相关专业委员会。公益性体育社会组织包括体育类民办非企业单位和体育基金会。体育类民办非企业单位包括青少年体育俱乐部、社区体育俱乐部和体育健身服务机构，如图2-3所示。

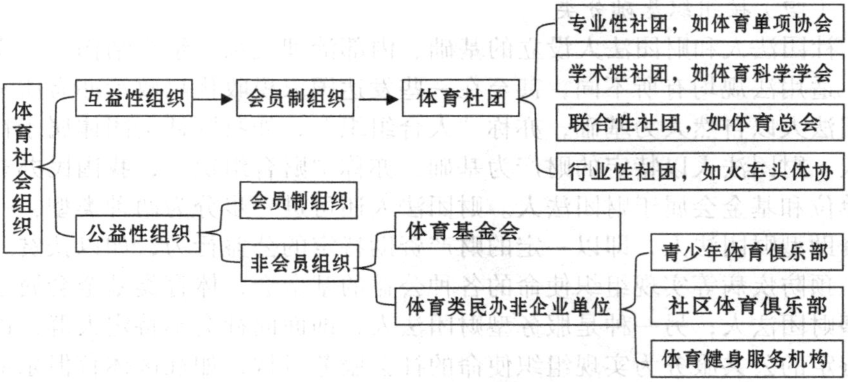

图2-3　体育社会组织按受益面及程度分类

第二节　体育社会组织发展的社会环境

一、体制转轨

体制转轨指的是从计划经济转化为市场经济的整个过程。计划经济和市场经济是不同类型的经济形式，具有不同的内涵，在运行机制和管理方式等方面存在较大差异，本质区别是计划和市场哪一个在资源配置中起主导作用。

计划经济指的是在生产资料的社会主义公有制基础上，通过集中统一计划来进行领导和管理的国民经济运行方式。它的基础特点为国家掌控和分配国民经济的走向，政府利用可行方案对资源进行分配和管理。计划经济可以将经济进行方向的指引，它的主要优点就是具有很强大的社会动员技能，可以马上将人力和物力集结起来，聚集在统一的区域，进而在一些层面取得了不同凡响的进展。但是计划经济体制方面也存在一些弊端，比如生产要素的流动受到了限制，不能将资源进行合理的有效分配。总的说来，计划经济主张公正平等，可是没有效率。

市场经济指的是资源配置中，具有基本作用的经济。当代的市场经济不属于单一的公有制和私有制，它是不同所有制的集合体。基础特点为利用计划和市场两种方式达到有效分配社会资源的经济运动状态的目的。所谓市场经济，都是以计划为方向指引的，所有的原则都要用来指导生产，生产的目标就是让需求得到满足，资源是按照市场真实状况来进行配置的。总而言之，市场经济注重效率，可是不注重公正平等。

中华人民共和国成立以后，开始借鉴苏联的经验方式，变成了利用中央指令性计划经济管控体系来指引社会主义经济的前进方向。计划经济模式的选取受到当时历史环境的影响，属于中华人民共和国最初客观历史环境下仅有的一种可以执行的发展方式。中华人民共和国成立刚开始的时候，国家的发展方向是将国家发展成工业化性质，设立属于自己的完整工业系统。具备超强社会动员水平和多方积累体系的计划经济属于上述发展方向的有效方式，给我国的经济发展打下了基础。

计划经济阶段，所有的事务都交由政府直接管理，任何一个经济机构无非就是政府机构和政府的附属机构两种。当然这样的体系不但受制于经济领域，在社会领域也依然具备相同的问题，国家利用一整套的体系配置，如单位体制和户籍体制等取得对社会中大多数稀少资源的管理和分配权力，为社会提供单一方向的管理制度。换句话说，国家政治利用思维模式，组织构造和有效的政治鼓动达到深度进入和管理社会生活的各个方面的目的，将社会经济和资源全部垄断。国家将资源和空间进行了极度垄断，让个人对单位、单位对国家形成了极度依赖的状态。因为没有发展的意愿也没有发展的活动领域，社会自控和组织技能受到了限制和束缚，实际上，真实的社会组织没有存活的制度和社会平台。因为经济发展水平有限，社会的发展程度也比较落后，我国在对计划经济设立的阶段，对体育管理体制进行了高度的关注，从上往下对体育资源进行了管控和调节。

1992年，党的十四大指出，我国经济体制的改革主要目的，就是为了将社会主义市场经济制度设立起来。社会主义的市场经济和基本制度合理的综合起来，属于市场在国家宏观调控下对资源分配起到基本功能的经济，有利于克服计划经济和市场经济的弊端，发挥两者的优势。我国的经济体制转轨就是推动全部社会经济体制转向社会主义市场经济的过渡阶段。

伴随主要目的为设立社会主义市场经济的经济制度的转化程度的不断加强，以往的计划时代衍生出来的主要社会利益局面被慢慢瓦解，以市场调控社会资源分配的市场经济方式慢慢形成。社会主义市场经济的产生，很大程度上增强了我国的社会生产力，社会上可以被配置的社会资源越来越多。我国的社会主义市场经济体制慢慢转变和成立的过程中，国家对资源控制的力度慢慢变小，管控的范围也慢慢变小，大多数资源从国家的高度垄断中脱离开变成了可以流动自如的资源迈向了市场和社会的广阔领域里面。因为这种可以自由流动的资源越来越多，社会慢慢发展成为和国家具有相同权利的资源分配者，能够凭自己的力量给社会带来资源和平台，民间也因为这个原因集结了广泛的物资力量，改变了政府体育组织及其附属机构一统天下的局面，一方面让体育社会组织的产生无可避免，另一方面也给体育社会组织的产生和发展打下了基础。

二、社会转型

转型本来属于生物理论定义，指的是“微生物细胞之间以‘裸露的’脱氧核糖核酸形式转移遗传物质的过程”。这个定义在之后被社会科学采纳了，发展成为社会的转变和进步。社会转型具备准确的转向性质，也就是社会发展中不断进展和发展的变化。从20世纪90年代以来，社会转型慢慢发展成我国社会科学界经常应用的专业用语，利用这个定义来解释和阐述中华人民共和国产生以后，中国社会产生的巨大变化，通常指的是社会整体由传统类型转变成现代类型，就是所谓的社会现代化过程。

德国学者哈贝马斯在《公共领域的结构转型》里面指出了社会三元结构定义，觉得市场经济的进展造成了国家和社会的脱离，和国家相对的是公共权力区域，也就是政治领域，和社会相对的是经济和公共的领域，而现代社会结构，就是通过这三个领域共同组成的。中华人民共和国成立以后到改革开放之前的这段时间，国家和社会进行了高度融合，社会结构归属于政府统一天下的重要组成结构。孙立平把这个阶段的中国社会总结成“总体性社会”，基本特点为政府管理所有部分。不管是在经济还是社会哪一个领域，政府及其附属组织对各种活动进行直接管理和控制，政府体制的属性和活动形式也体现在社会领域的多个方面，利用使用强制力量进行行政式的管控。

将社会主义市场经济建立起来，让社会主义民主政治的政治体制发展下去，让我国目前的社会的总体性特征产生了显著的不同结构模式和多重功能共存的现象。“总体性社会”慢慢被拆分，国家和社会的关系慢慢产生了构造上的变化，通常由如下几点展现出来：①社会受到国家控制的领域越来越少；②依然从被控制的区域里面，控制的力度在不断减小，控制的形式也在慢慢改变；③控制的方式也越来越正规化。国家和社会之间慢慢发生了分化状况。

另外一点，社会取得了很大的权力，显著地展现为：①社会变成为一个比较独立的供给资源和机会的平台，所以个人对国家的依赖程度慢慢下降；②比较独立的社会力量的产生；③民间社会组织化性质越来越明显。也就是说，中国社会尽管依然不能产生哈贝马斯定义的三元结构，可是从总体性社会转化为三元社会结构的改变依然十分显著。

20世纪50年代初，我国参照苏联的体育管理方式，构建了极度聚集的体育管理体系，也构建了我国体育组织的基本框架。中华人民共和国成立以后，这几十年的时间当中，我国体育的政府组织及其下属体育事业机构共同组成了体育系统的主体身份。很明显，国家一元化构造慢慢转变为三元化构造，包括国家、市场和社会三个方面，这给我国体育社会组织的进展和活动带来了更加广泛的平台和领域，这也一定会推进体育社会结构的改革，让多元化的体育组织变成现实。在改革开放之后，以往的变革之中产生的体育机制衍生出来的社会组织状态已经无法满足群众的体育要求，也不能达到社会体育继续进展的标准，体育社会组织，尤其是社区基层体育组织慢慢发展并壮大。

第三节　体育社会组织发展的内在动力

一、体育需求的多样化和个性化

自改革开放以来，尤其是到了20世纪90年代，我国群众的体育标准慢慢提升，同时出现了多种类型和多种层次的发展方向。造成体育需求产生巨大改变的社会原因不但复杂，而且类型多样。

（一）休假制度变迁，余暇时间增多

自从20世纪90年代以来，我国的休假制度不断在变化着。从1995年5月开始，我国实施了每周5天工作制；1999年，又推行劳动节、国庆节、春节3个长假。根据2007年国务院公布的《全国年节及纪念日放假办法》，元旦、清明、劳动节、端午、中秋各休假1天，春节、国庆节放假3天。加上双休日和职工带薪休假制度，职工一年中有近1/3的休假期。

（二）经济社会发展，国民收入持续增长

我国在近三十年的进展中一直都维持着很高的年平均经济增长速度，个人的购买能力也慢慢加强。按照马斯洛的需求层次定义，如果人的最低要求得到满足以后，一定会形成较高层次的要求。换句话说，人们的基本需求得到了满足以后，就会有了更高层次的心理精神方面的要求。目前，我国已经通过人们的日常基本需求的基础生存阶段迈向了发展自身心理素质的崭新阶段，发展型需求呈现全面快速增长的趋势，精神生活的要求也在逐渐提升，修身养性、闲暇娱乐已经变成了人们基础生活的重要构成要素。并且，消费水平的提升从本质上保障了休闲体育消费的物质水平。

（三）群体分化与扩张，体育需求层次化明显

自从改革开放之后，伴随经济的进展和体制的改变，我国的社会分化速度慢慢变快，产生了多元化的利益组织。社会阶层的划分变成了我国社会的普遍现状，同时也属于经济和社会不断进展的必然产物。社会学家陆学艺曾经指出，改革开放和社会主义市场经济体系的建立，让我国社会阶层体系由工人、农民和知识分子组成的社会构造，转变成为国家和社会管理、专业技能成员、工厂工人和农业工作者等不同的社会层级。不同的阶级受到社区生活条件、家庭经济能力、成员教育程度的影响，造成价值观和生活习惯的不同，受到生活理念和方式的影响，体育需求一定会具备不同的特点。也就是说，社会活力慢慢加强，社会构造、组织方式、利益分布产生巨大改变的现今社会中，人们对投入体育活动的方式、体育活动的内容的要求慢慢得到了提升。

（四）价值观念转变，体育融入大众休闲生活

很长一段时间内，我国主要在生物学的领域内对体育的属性进行认定，对体育的生物学价值进行过度关注，强调体质增强的作用。自从20世纪90年代以来，尤其是到了21世纪，国际大众体育的慢慢渗透，加上人们的生活能力慢慢增强，国人的体育理念在更深度的阶层上得到了转变，娱乐化、平民化、日常化、终身化的思想让体育慢慢投入到了人们的休闲生活里面去。通过体育活动的方式进行休闲娱乐，在健康的环境下进行娱乐活动，变成人们越来越喜欢和关注的体育方式。

自从改革开放以后，伴随我国经济社会的不断进展，人们的空闲时间慢慢增多、价值观发生了变化，群体分化越来越显著，人们对体育的要求一定会产生多种形式和个性化的特点。一方面，政府给予的基础体育服务已经无法彻底满足人们的体育要求；另一方面，针对多样化和个性化的要求，由于利益空间有限，或者利益全无的条件下，市场不愿意给予体育服务。因此，给人们带来政府无法给予的、市场又不情愿给予的体育服务衍生了大量的体育社会组织。

二、公共体育服务社会化改革

公共服务的定义诞生在19世纪后半叶的欧洲，最先指出这个定义的代表人物为德国学者瓦格纳和法国学者莱昂·狄。起初的公共服务指的是政府利用国家财政来保护和推动社会的公共事务。之后，伴随公共经济学者在1954年准确指出的“公共产品”概念，公共产品的研究变成了经济学和财政学的主要定义。在公共产品定义的前提下，公共服务被看

作是政府为了符合社会的标准，给辖区内的居民带来公共产品的服务行为的总体称谓。

至于公共体育服务来说，目前学界通常利用两个专业用语，一个是“公共体育服务”，另一个“体育公共服务”。

在计划经济的体系之下，我国传统的公共服务通常来源于政府机构，其具体的缺陷有三点：第一是公共服务总量匮乏、结构不规范；第二是公共服务的供给方式匮乏，供给效率不高；第三是社会财富大量耗费，各种财政扛不住巨大压力，无法提供足够的力量将服务范围扩大。伴随公共需求猛烈发展，公共需求的构造慢慢变的多元化，政府公共服务供给模式发生了变化，设立和改善政府和社会组织共同创造公共服务的崭新方式，非常的重要和迫切。

由于受到经济和社会发展阶段的束缚以及管控机制的限制，我国公共体育服务供给主体比较单一匮乏，体育行政机构始终属于我国公共体育服务供给的主要主体身份。政府对公共体育资源和服务类垄断性占据，打破了公共服务主张的公正、快速和优良的标准。伴随人们日益增加的体育文化和服务要求发展落后的公共体育服务生产和多种类型化、多种阶层化的公共体育服务彼此间的需求矛盾慢慢增强。针对公共体育物品的提供和公共体育要求间的极大落差、公共体育服务合理供给总数过少的实际情况，群众体育发展无法单单依赖政府，这一点已经让整个社会得到了切实的认知。

到了20世纪80年代之后，我国慢慢对公共服务供给模式的改变进行研究，指出了社会事业向着社会化和产业化道路发展的方向，很多的营利和非营利组织慢慢渗透到了传统的公共事业领域里面，我国社会事业的管理方式以及公共服务的供给方式也慢慢产生了大大的改变。

并且，我国慢慢进行了体育社会化的改革。按照社会化的本质和改革标准，将政府垄断公共体育服务的局面打破，变成了政府、民间和社会共同举办，多方途径提供服务，公平竞争、一起进展的多元化公共体育服务局面，切实展现了社会事业在政府和社会一起努力的情况下完成的现状。也就是说，体育社会组织非强制性的社会资源动员形式以及非营利性的运作属于公共体育服务社会化改革的必然产物。

三、体育自组织能力提升

哈肯在他的《协同学》里面把自组织概括为：“假如机制在获取空间、时间和功能的整个经过当中，不受外界的任何干扰，我们就可以将机制看作为‘自组织’的”。“自组织”体系指的是不受外界控制便可以自发组织、自己创造、自己改变，可以独立地从没有秩序发展成为有秩序，变成有结构的体系。另外，在自然界和人类社会，也具备和自组织体系属性全然相反的另一个系统，它不会自己构造、自己创造、自己演化，不但不能自动地由无序转变为有序，还要在外界的作用下才能进行组织和演化，进而被动地进行次序的转变，这样的体系也可以叫被组织体系。自组织和他组织以及被组织的称谓是相互对应的，三者的本质区别是组织过程展现的属性，一个是主动性，一个是被动性。

“体育自组织”是针对之前以行政指令为特点的体育活动来说的，属于一种依赖社会进行的，自愿发起的体育活动的状态。自组织能力指的是体育团体等社会力量不受外界力量的强制干扰，自己就可以进行自我调整、自我平衡和自我维护，从而达到体育活动有序化的目的。计划经济社会里面，国家权力和社会比起来，还是更高一层的，社会归属于国家，主要体现在国家对社会的覆盖和掌控，政府机构掌控社会组织的现象比较常见。因为体育社会组织比较少，在计划经济阶段，体育活动的管理者，多半都是政府，由政府进行计划、组建和实行。大部分工作都是在政府的大力作用下进行的。很多具备展示和橱窗效果的体育活动都受到政府的行政指令的控制，并不是居民自愿组织的，活动投入者在这种体育活动中自发形成了从属的身份，被动地投入到体育活动，群众体育也因此展现了显著的被组织的特点。他组织的体育活动不具备活跃力量、活动效率，也不具备自我调整的内在自我发展体系。

改革开放以后，我国社会的体制变革在大局上展现了一种从他组织转变为自组织的趋势：改革开放之前，政府对经济和社会生活的方方面面都进行了指引，整体的社会体制属于他组织的秩序。改革开放之后，伴随社会主义市场经济的慢慢设立，个人的活力慢慢提升，企业的自主性逐渐提升，社会的自组织性也慢慢提升。人们对于政府和单位机构体育活动的依赖程度也发生了改变，为了锻炼体魄、休闲娱乐的目的，公民自主形成并投入到各类形式的体育社会组织当中去，从被动投入转化成主动投入。目前在大街小巷不断出现并举办活动的社区草根体育组织、在互联网条件下形成的各种网络体育组织，这些都属于体育自组织水平等到增强的主要展现。

针对他组织类型的体育运动，社会自组织性的体育运动具备相应的优越程度。其一，全民健身的社会自组织方式可以激发社会力量的主动性，让全民健身活动一直维持常态和日常化的有序现状；其二，全面健身的社会自组织方式对于活动投入者不一样的生活条件、兴趣和要求进行更加不受限制的选取和设立来说，是非常有利的。可以更加接近生活，更能被群众接受和认可。活动内容的增强让不同性别、年纪、兴趣和身体情况的社会成员都可以在体育里面获取自己的身份，这也给体育的普及和展现体育生活化的目的，提供了更加切实的手段；其三，全民健身的社会自组织方式超越了市场和政府的所有机制，可以利用一整套的合作形式把各组织、个人和政府控制在互相依靠、一起生存的关联当中，对于政府组织和管理的缺陷起到了主动的弥补职能，进而让社会自组织和政府组织的连接之处展现出来；其四，全面健身的社会自组织方式和政府组织方式的融合确保了社会整体活动的有序开展，让全民健身活动的每个构成部分都维持在不断翻新、自我维护、活力满满的状态；其五，不同的自愿形式集结起来的体育组织，对于体育组织构架的改善非常有利，变成了不同类型、不同层次的组织系统。

第四节　体育社会组织的发展历程与特征

一、体育社会组织的发展历程

1949年10月26～27日，团中央受党中央和中央人民政府委托，召集相关部门召开了中华全国体育总会筹备委员会（即中华全国体育总会第一届代表大会）。1952年6月20～24日，中华全国体育总会在北京举行成立大会并讨论通过了中华全国体育总会第一个章程。中华全国体育总会的建立和章程的颁布，代表了中华人民共和国第一个全国性体育社会团体的产生。之后，中华全国体育总会产生了由上往下的比较完整有秩序的总会组织系统。到了20世纪50年代，为了达到国际体育沟通的目标，全国性单项体育协会数量慢慢增多；之后，各个省市的单项体育协会数量也慢慢上升。

因为从中华人民共和国成立到改革开放这段时间，我国进行了极度集中的体育管理系统，体育公益事业成了国家的事业，民办体育事业变得越发衰落，社会力量不能进入到公益体育事业的领域里面。所以，仔细看这个时期的体育社会组织，组成的形式比较单一，主要通过政府的力量推动构建，社会自发形成的体育社会组织属于发展史上的空白阶段。

改革开放以来，我国进入了历史的全新篇章，也给体育社会组织带来了很好的进展平台。计划经济慢慢向社会主义市场经济转变，社会要求变得更多，更加多变。人们投入体育活动的主动性慢慢增强，怎样展现体育社会组织的功能变为学界和政府一起面对的难题。这个阶段，官办环境下的体育社会组织大量产生，无论是中央还是地方，每个体育机构都组建了由政府领导指引组织的体育组织。根据有关研究，1979年我国一共产生了60个社团，当中具有全国性质的体育组织数量就已经占据了13个。

1986年国家体育总局制订的《关于体育体制改革的决定（草案）》中明确指出，应该全力展现体育总会和各种体育协会以及运动协会的功能，这个决定的执行加速了地方体育部门和体育组织构建工作的进程。

这个阶段，为了打开体育活动开展的多方途径，国家体育总局指出了体育社会化改变的基础方针，它的改变方针包含：主动提倡和主动支持每一个部门行业和组织、个体自办体育，包含自建活动领域，开展多种竞赛，进行锻炼活动、对体育技能进行传授等。从而，民办类的体育学校、俱乐部和场馆等的发展，取得了相应的制度和社会空间和平台。

1992年邓小平发表“南方谈话”之后，中国经济社会迈向了全新的迅速进展时期。1993年，党的十四届三中全会确定建立社会主义市场经济体制、转变政府管理职能和建立“小政府、大社会”等改革目标，给社会组织的持续进展带来了空间和平台。1993年5月24日，国家体育总局发布（关于深化体育改革的意见》，这个意见指出：改革的整体目的就是改革之前在计划经济体系之下，单依靠国家和行政方式举办体育组织和活动的极度聚集的体育体系，建设和社会主义市场经济体系互相适应，和当代体育活动原则相符合，受国家管控，依靠社会力量，具备自我进展动力的体育体系和良性循环的活动体系，变成国家和社会相互融合、集中和分散互相融合的局面。体育行政机构应该根据精要简化、统一融合、高效的标准，将职能进行改变，改变内部构造，让政事分化进行，把大量的事务性工作交由事业单位和社会团体处理，将工作的重心慢慢转变到宏观调控层面上去。

理论上的提升，改革的不断渗透，给体育社会组织的进展打造了政策基础。这个阶段，国家体育总局在初期试验的前提下，进行了体育协会真实性的改变。1994年建立了第一个具有14项运动项目管控机构，将有关类别分化到这些运动项目里面，把中心和协会结合起来，建立起一个机构，两个牌子的机构模式，把之前国家体育总局直接掌管运动项目的工作，转变成为间接的管理模式。到了1997年底，国家体育总局在改革之初获取预期效果的前提下，把之前在机关内设立的多个业务职能部门从政府机构中抽离开，又整改之后，设立了六个中心。可以说，中国的单项体育协会由计划经济时代和体育行政部门共同联合的状况，到中心和协会共同存在的模式的产生，再从政府机构中脱离开来，属于历史的一大进展。国家体育总局伍绍祖觉得：“这属于国家体育总局在体系整改方面迈出的主要、特殊、具有特色的关键步伐。”

1997年，党的十五大报告又指出："应该根据社会主义市场经济的需求，转化政府的作用""按照精要简化、合作综合、效能的标准对机构进行改变，设立办事高能、运转平衡、行为有序的行政管理机制""应该培养和推进社会中介团体"。政策法规的持续进展给体育社会组织迅速进展带来了更加宽松的制度标准。到了20世纪90年代，体育社会组织的建设获得了巨大的成效：首先，在体育组织的所有制模式中，冲破了国家统一举办的单一形式，产生了不同类型的体育组织，尤其是社区草根体育团体；其次，地方政府的管理能力和方式，以及投资形势都发生了相应的改变；再次，一些地方体育社团慢慢离开政府的力量，渗透到市场机制，在市场当中获取了生存发展的能力，打造了更加明显的社会和经济效益；最后，不同类型的体育类民办非企业单位发展速度越来越快。

伴随改革开放的不断开展，社会组织在我国的发展步伐已经越来越快。为了达到管理和指引社会组织发展的标准，1998年6月，民政部原社会团体管理司改为"民间组织管理局"，地方民政部门也新设或者将社会团体管理部门改为"民间组织管理局""民间组织管理办"。1998年10月，国务院分别以第250号令和第251号令发布了新修订的《社会团体登记管理条例）和《民办非企业单位登记管理暂行条例》，逐渐形成了社会组织的"双重管理、分级负责的"体制。为适应体育类民办非企业单位发展的需要，民政部和国家体育总局于2000年11月下发了《体育类民办非企业单位登记审查与管理暂行办法》，对体育类民办非企业单位的登记和管理做出了具体规定，2001年国家体育总局下发了《全国性体育社团管理暂行办法》。2006年，党的十六届六中全会通过的《中共中央关于构建社会主义和谐社会若干重大问题的决定》中明确指出："坚持培育发展和管理监督并重，完善培育扶持和依法管理社会组织的政策，发挥各类社会组织提供服务、反映诉求、规范行为的作用。"

自20世纪90年代开始，各种法规制度的设立表明国家对于社会组织开展中遇到的难题和阻碍越来越重视，纷纷实行了不同的应对方法，体育社会组织的发展迈向了制度规范化的全新管理阶段。它的发展已经从之前单一的数量转变到对质量的提升上面，在数量、类别、构造和配置等层面正慢慢符合人们不断提升的体育标准。

到了21世纪，我国的体育社会组织不管是在数量上还是在类型上，都取得了持续稳定的发展效果。根据调查可以得知，在2012年底的时候，贵州省共累积建立单项体育社团组织1022个、老年人体育组织5976个、健身气功站点525个；创建青少年体育俱乐部56个。截至2013年10月，江苏省13个省辖市、102个县（市、区）全部成立体育总会，体育社团总数达到1526

个，其中有11个省级行业体协、45个省级单项协会和9个人群体协；拥有市级体育社团362个，县级体育社团1110个；全省晨（晚）练健身点39000多个，每个点配备1名以上社会体育指导员；城乡社区体育俱乐部11653个。全省60%以上乡镇（街道）建有5个以上体育社团，共计4000个基层体育社团，其中95%以上的乡镇（街道）建有老年人体育协会。

二、体育社会组织的发展特征

中华人民共和国成立以后，我国三种类型的体育组织由上往下慢慢形成。首先，以中华全国体育总会和各大行政区总分会、各省（区、市）体育分会为代表的体育总会体系的成立；其次，为了达到国际体育交流的需求，各单项体育协会逐渐设立；再次，各个行业的职工体育活动的开展，不断进步和推行，各个行业系统的体育协会逐渐设立。改革开放之后，体育社会组织建立的形式类型多变，从单一的数量上升转为向着合理结构的方向进展。体育事业的进展离不开三个方面的体育社会组织，包括体育社团、民办非企业单位、基金会这三股重要力量。所以，我国的体育社会组织发展过程中体现了如下一些特点。

（一）形成方式多样化

和改革开放前体育社会组织政府构建的产生模式比起来，改革开放之后的中国体育社会组织的形成是由下往上和由上往下两种力量共同作用的成果。到了20世纪80年代之后，体育社会组织的产生形式通常有三个类型：第一，政府将一些体育公共管理能力交出来，转给社会机制去管理，也就是从上往下体育组织的形成体系，他们和政府的改变息息相关，在很大的程度上属于政府改革和政府作用公众化的必然产物，就像中华人民共和国建立之初，受到国际交往的指引，国家体育总局各个功能办公室都具备单项体育协会的功能，并且到了20世纪90年代之后，体育行政管理机构在改革的压力之下，为了满足行政成本降低的需求，把每一个体育协会从不同的功能部门抽离出来，承担起全国领域内这个项目的管理责任；第二，政府按照市场的发展原则，慢慢将社会自治模式产生出来，很多体育产业协会，比如中国体育用品协会和中国体育场馆协会的产生，都是政府推动、企业指引的成果，展现了政府指引的效果；第三，社会经济进展到一定程度，产生了一部分由下往上的地方体育组织，尤其是社区基层体育组织，这些组织和人们的日常生活、健身思想和健身标准有很大的关联。

（二）组织类型多样化

体育社会组织局有很多种不同的类型，主要表现为体育社团形式多变。体育社团的形式改变，主要体现在改革开放的前后两个阶段，之前包括体育总会系统、各单项体育协会、各行业体协。之后包括纵向和横向两种类别的体育社团。很多草根级别的、由下往上的、共享利益为目的的民办体育组织，拥有非政府性和非营利性两个重要特性，冲破了由上往下设立的、拥有深度行政色彩的官办组织的统一现状，在群众体育进展中具有主动的身份位置。

体育类民办非企业单位以及体育基金会的产生，更加增加了体育社会组织的类型。体育健身的技能指引和服务、体育比赛的演示，团体、服务、体育人才的锻炼和技能训练等体育类民办非企业单位迅速进展。体育基金会自从1987年开始，建立了两个组织，历经30年的进展，一些省市相继建立了体育基金会，经济发达的省份的市级和县级城市也设立了体育基金会。

不同类型的体育类社会组织的产生，对于新时期我国体育事业进展的组织架构的产生和改善来说，具有很大的正面作用。

（三）影响力日益扩大

自从20世纪90年代之后，体育社会组织进展的大致方向为影响力慢慢上升，不但体育社会组织的数量慢慢变多，类型也不断变化，会员人数也慢慢增多，并且它的管理能力和自控能力也逐渐增强，媒体的宣传力度慢慢加强，作用的展现和影响的模式慢慢变得更加多样化和深刻化。体育社会组织作为政府和公民的沟通纽带，作为两者之间的过渡带，加快了政府和公民之间的友好沟通和和谐相处，尤其是实践程度比较高的体育社会团体，已经变成可以作用于政府计划的主要要素和推进体育社会组织实体化改变的巨大能量来源。自1988年开始，实体化改革试点已经出现，很多全国性和地方单项运动协会慢慢迈向了实践性的发展方向，慢慢在运动项目的管控上展现了相应的功能：行业体育协会利用依靠自身体系的体育资源举办职工体育活动的方式，锻炼出了很多具有高水准的运动员；多种类型的运动会不断开展，比如针对少数民族、农民工、学生、残疾人士举办的体育运动会，它们都是在有关体育组织的创立下健康的维持着。据不完全统计，2011年广东省由体育社会组织参与共同举办的各类群众体育活动与竞赛5661项次，比2010年增加了189项次，参加人数达3503万人次，比2010年增加了125万人次。江苏省2013年省体育社团开展的赛事活动达3445项，直接参加人数达200多万人，为全民健身注入生机与活力。

（四）基层体育组织迅速发展并展现旺盛活力

体育社会组织当中，拥有一支数量更加巨大的组织类别，也就是社区基层体育组织。分布在城乡的每一个区域，大都是利用健身组织的方式生存下去，并且在基础体育指导站和活动点上的基层体育组织里面大量存在并活动，属于改革开放之后，大量群众主动投入到组织创新当中去的主要展现，属于群众体育健身活动的主要领域。这类组织和行政部门组织认可的正规体育组织比起来，不具备行政支持的方针、费用、器材等资源，不过却脱离了行政色彩，变成了自利、自足、自强的特有力量。这类体育组织的运动费用通常由三种方式构成，包括费用平摊、收取利益和不取利益三种方式，不依靠政府的支持。离开了政府的资助，这些组织也受到了社会各界的广泛认可，具有相应的社会合法性质，不但满足了一些人群对体育的要求，并且在广泛的领域内举办体育活动，变为社会生活中比较生动的成份组织。这些组织不能完成登记注册的标准，不能办理正规的登记注册手续，无法获取法人资格，常常利用备案的形式出现在基层领域，全国领域内究竟有多少这种类型的体育组织，至今为止没有严谨可靠的统计数据。

第三章
我国体育社会组织的发展问题研究

体育社会组织属于体育事业多元管理构造中主要的构成元素，体育社会组织的产生和发展，对于体育管理系统和管理技能现代化来说是非常有利的。本章就主要以我国的体育社会组织的发展状况为探讨中心，研究如何促进我国体育社会组织更快速地发展，并对发展中出现的问题进行深入研究，提出解决办法。

第一节　体育社会组织发展现状

一、数量增长较快、结构渐显合理

（一）数量保持较快增长

目前国家正式公布的社会组织的统计数字仅限于法定类社会组织，数量庞大的未登记社会组织（草根社会组织）尚未包括在内。有学者根据自己的调查数据推测，全国未登记社会组织数量10倍于在册的社会组织数量。目前未登记体育社会组织数量远高于登记注册的体育社会组织。总体来看，近十年来无论登记类还是未登记类体育社会组织数量均保持快速增长。从民政部门公布的数字看，一方面，全国正式登记的体育社会组织由2007年的16028个增至2014年底的32749个，年均增幅达到10.75%，远高于同期全国社会组织4.13%，见表3-1。此表表明体育要求严谨，社会化进程提升快速，体育社会组织维持猛烈上升的趋势；另一方面，活跃在城乡基层社区以健身团队为主体的未登记体育社会组织数量超过百万个。根据民政部2015年6月公布的《2014年社会服务展统计公报》的数字，截至2014年底，我国以行政区域为基本单位的城乡社区基层自治组织包括村、居委会和居民小组共计674.4万个，按照这一数量推算，城乡基层社区未登记体育社会组织数量远远超过百万个。截至2017年6月，我国网民仍以10～39岁群体为主，占整体的72.1%：其中20～29岁年龄段的网民占比最高，达29.7%，10～19岁、30～39岁群体占比分别为19.4%、23.0%。与2016年底相比，40岁及以上中高龄群体占比增长1.7%，互联网的普及已经慢慢由青少年向中老年过渡和扩展，中老年群体成为网民数量上升的重要渠道，而网络体育组织是近年来兴起并发展迅速的新兴体育组织，通过各种网络方式把素不相识、具有共同体育兴趣和需求的人联系在一起，从虚拟空间发展成为现实生活中的体育活动伙伴，满足社交及体育需求。据不完全统计，我国网络体育组织已有80多万个，并且仍呈快速发展之势。各地体育社会组织数量呈快速增长势头。例如，江苏省县级体育总会实现全覆盖，乡镇老年人体协、农民体协和单项协会有5900个，城乡晨、晚练健身点达3.9万多个，基本形成以基层体育社会组织为点，体育社团为线的点线结合、覆盖各类人群的体育社会组织网络；广东省体育社会组织已超过4万个，其中法人类体育社会组织数量超过3000个；广西壮族自治区农业人口多，自治区政府重视农村基层文化体育组织建设，农村乡镇和村级农民体育协会建设特色鲜明，在活跃农村基层体育中作用发挥明显；北京市基层社区健身站点建设成效明显，目前已有健身站点6208个，数量和覆盖面都取得了较大进展。

表3-1　2007—2014年全国社会组织和体育社会组织数量及增长率比较

单位：万个，%

指标	年份	2007	2008	2009	2010	2011	2012	2013	2014
全国社会组织	数量	38.7	41.4	43.1	44.6	46.2	49.9	54.7	60.6
	增长率	—	7.0	4.1	3.5	3.6	8.0	9.6	10.8
体育社会组织	数量	1.60	1.77	1.92	1.99	2.12	2.36	2.82	3.27
	增长率	—	10.63	8.47	3.66	6.53	11.32	19.50	15.96

注：体育社会组织年均增长12.88%，高于全国社会组织年均增长幅度4.13%。

（二）结构渐趋合理

我国体育社会组织在数量保持较快增长的同时，结构亦逐渐向合理化方向发展。

（1）法人类体育社会组织结构趋向合理。一直以来，三类法人体育社会组织中的体育社团数量远高于体育类民办非企业单位，而体育社团和体育类民办非企业单位数量又远多于基金会，基金会数量偏少。近期的增长情况显示这种现象正在逐渐发生变化，见表3-2。2013年体育类民办非企业单位数量首次过万，达到10353个，同比增幅达到21.94%，高于同期体育社会团体增幅，2014年体育类民办非企业单位数量达到11901个，仍保持较高的增长幅度。体育类民办非企业单位与体育社会团体的数量差距正在缩小。我国体育类民办非企业单位的主体是青少年体育俱乐部，其占比超过80%，每年有上亿人次的青少年学生获得青少年体育俱乐部提供的公共体育服务，在运动技能传授、项目普及与推广、体育人才培养、竞赛活动开展以及促进学校体育场馆开放等方面发挥了重要作用。

（2）登记类与未登记类在数量和项目结构方面的差距呈现缩小趋势。近年来，随着国家改革登记管理制度，我国法人登记类体育社会组织呈快速增长之势，2014年数量突破3万个，根据中国社会组织网的统计，2017年，我国体育社会组织总数量突破4万关口，达到4.32万个，年增长速度连续多年保持10%的增长率。更重要的是在项目结构方面，协会更多的是按需求设立。

表3-2 2010—2014年体育社会团体和体育类民办非企业单位数量统计

单位：个，%

指标	年份	2010	2011	2012	2013	2014
体育社会团体	数量	12842	13534	15060	17869	20848
	增长率	1.73	5.39	11.28	18.65	16.67
体育类民办非企业单位	数量	7062	7700	8490	10353	11901
	增长率	7.14	9.03	10.26	21.94	14.95

注：体育社会团体年均增长 12.88%，体育类民办非企业单位年均增长 13.94%。

（3）体育社会团体结构更加有利于满足社会需求。体育的功能是通过项目活动实现的，项目协会是体育社会团体的构成主体。民政部按照性质与任务将社会团体分为学术性、行业性、专业性和联合性四类。这四类社团因性质、任务不同，发挥的作用亦不同，体育类社会团体分为学术性体育社团、行业性体育社团、专业性体育社团和联合性体育社团四类。统计结果显示，目前我国专业性的单项体育协会占体育社会团体的比重为64.25%，联合类的占比为32.98%，这两类社团加起来占体育社会团体的比重为97.23%。

二、作用发挥愈加明显

体育社会组织是从事各种体育运动、健身活动的社会组织。组织开展活动既是其特有属性也是其自身价值体现。近年来，随着加快转变政府职能、创新体育管理体制、推广政府购买服务等一系列改革方案的施行，体育社会组织的动力得到了更深层次地调动和开发。当前体育社会团体已成为公共体育服务供给的重要主体和多元化全民健身公共服务体系的组织基础，逐步形成了以城乡基层社区未登记体育社会组织为主体，以法人登记体育社会组织为骨干，类别多样、结构合理、覆盖广泛的体育社会组织网络。

目前活跃度最高的是占体育社会组织总量90%以上的城乡基层社区未登记体育社会组织，其在广泛开展丰富多彩的全民健身活动中发挥了不可替代的作用，成为基层体育治理的重要依托和组织基础。相当数量的法人登记的体育社会组织，包括体育总会、单项体育协会、人群体育协会、青少年体育俱乐部、社区体育俱乐部等成为组织开展全民健身活动、群众性体育竞赛及健身技能培训的主要力量，发挥了重要作用。许多体育社会组织已开始重视塑造品牌赛事或活动。例如，上海市浦东区乒乓球协会长久以来都维持乒乓球活动的训练习惯，每年都开展很多活动和比赛，培训5000人次以上，2012年被评为5A级社会组织，并获得上海市先进社会组织、上海市先进体育社团和上海市群众体育先进单位等荣誉称号。上海市浦东区乒乓球协会还带动许多省份体育部门注重培育提高体育社会组织的能力，把一些规模和影响较大的群体赛事或活动通过购买服务方式委托体育社团承办。例如，上海市农民体育协会承担了举办市农运会的责任，运动会的项目受到当地群众的大力支持，运动项目多以本土运动为主要类型，活动的参与者都为农民，具有很好的社会效应。广州市城乡社区居民关于体育社会组织作用的调查显示，广州市城乡社区居民认为体育社会组织"重要"和"较重要"的合计为3.6%，仅有0.6%的被调查者认为"不重要"，这一结果说明社区居民对健身组织的作用有较高的认同感。乡镇和街道一级的联合性体育社会团体在开展基层全民健身活动中的主导作用愈加明显。一些自发成立、自我运作的社团和镇街的自律性联合体育社团，较好地发挥平台、载体和纽带作用，积极组织开展丰富多彩的群众体育活动，并设有健身技能培训和活动技术指导等。

三、稳步推进政社分开

由于历史原因，我国社会组织行政化倾向严重，具有政社不分、管办一体、职责不清的特点，社会组织因此缺乏活力，作用难以发挥。正确处理政府与社会的联系，界定两者的责任，确定社会组织的法人地位可以按照法律进行自治管理，属于调动社会组织力量和展现其价值的必经途径。2012年党的十八大指出快速产生社会组织体系，政社要明确划分。2013年党的十八届三中全会通过的《中共中央关于全面深化改革若干重大问题的决定》主张调动社会组织的动力，最开始就要合理解决政府和社会之间的难题，平衡两者之间的关系，利用快速展现政社分开的政策，达到社会组织按照法制进行自治的目的，依法自治就是要建立社会组织法人治理结构。2015年3月16日，国务院办公厅印发《关于中国足球改革发展总体方案的通知》明确提出："按照政社分开、权责明确、依法自治的原则调整组建中国足球协会……中国足球协会与体育总局脱钩，在内部机构设置、工作计划制订、财务和薪酬管理、人事管理、国际专业交流等方面拥有自主权。"2015年7月8日，中共中央办公厅、国务院办公厅印发《行业协会商会与行政机关脱钩总体方案》明确提出，通过"推进行业协会商会与行政机关脱钩，厘清行政机关与行业协会商会的职能边界……""促进行业协会商会成为依法设立、自主办会、服务为本、治理规范、行自律的社会组织”。第一次对行业协会商会的组织建设提出明确要求，即促进行业协会商会成为依法成立、自主办会、服务为本、治理规范、行为自律的社会组织，同时提出：“行业协会商会要按照建立现代社会组织要求，建立和完善产权清晰、权责明确、运转协调、制衡有效的法人治理结构。”这是继2011年《中华人民共和国国民经济和社会发展第十二个五年规划纲要》提出“建立健全社会组织管理体制”，2012年党的十八大提出“加快形成现代社会组织体制”，2013年党的十八届三中全会提出“创新社会治理体制”之后，深化社会组织改革又一重大举措，对于促进体育社会组织改革发展具有重要的现实意义。2015年3月16日，国务院办公厅印发的《关于中国足球改革发展总体方案的通知》对我国体育社会组织改革与发展具有里程碑意义。2015年8月7日，国务院足球改革发展部际联席会议办公室印发《中国足球协会调整改革方案》明确提出：“按照政社分开、权责明确、依法自治的原则，实现中国足协与体育总局脱钩……中国足协与体育总局脱钩，在内部机构设置、工作计划制订、财务和薪酬管理、人事管理、国际专业交流等方面拥有自主权。”同时强调：要“高度重视足球改革和中国足协改革对体育改革中‘突破口’‘试验田’的定位和意义，以点带面，引领先进，最终实现中国足协改革与体育社会组织改革的衔接和统一”。

近年来，许多省份在推进体育社会组织“政社分开”方面进行了积极探索。广东、上海、江苏、安徽等地被列为民政部社会组织改革试点省份。与此同时，国家体育总局也在江苏、江西、宁夏、新疆4个省份开展了体育社会组织试点工作。这些试点改革力度大，突破现行制度进行尝试，取得了积极进展。例如，广东作为民政部社会组织改革的试点省份，在“政社分开”改革试点方面突破了现行法规和体制，其做法得到了民政部的肯定。2012年，广东省社会工作委员会印发了《深化社会组织体制改革工作方案》，社会组织改革实行“五自四无”，即自愿发起、自选会长、自聘人员、自筹经费、自主会务，无行政事业编制、无行政级别、无行政业务主管部门、无现职国家机关工作人员兼职。2013年广东省民政厅将社会组织“与部门脱钩”作为年度重点工作部署推动，对于职国家机关工作人员在社会组织兼职做了限期退出的硬性规定，成效十分明显。目前广东市、县（区）级体育社会团体基本完成“脱钩”。广东也因此承受了改革带来的阵痛。例如，广州市番禺区体育社会团体因现职行政人员限期退出而无人接替，出现了领导真空，导致部分体育社会团体无法开展工作。类似情况在广东各地都存在，但改革并未因此停止。与此同时，广东在突破“一业一会”方面也取得了重要进展。2012年，广东省通过批准成立了

“广东省五人制足球协会”，突破体育社会组织一业一会的制度性障碍，开始引入竞争机制，探索“一地一业多会”组织开式。通过保持良性竞争，增强体育社会组织内在活力，使其真正成为提供公共体育服务、反映体育诉求、规范体育行为的主体。目前，广东省民政厅登记注册的省级足球协会已有3个。广州等地出台政策实行“一地一业多会”，突破“一业一会”的格局，极大地激发了广东体育社会组织的活力，社会力量参与体育社会组织发展的积极性显著提高，竞争态势初步形成。广东省的做法既取决于党委、政府改革的力度和决心，也离不开体育部门打破利益格局的勇气。根据国家事业单位登记管理局管辖事业单位申办事项办结通知显示，2017年1月5日，国家体育总局足球运动管理中心正式被注销登记，这也意味着“足管中心”这一称谓将彻底退出历史的舞台。与此同时，上海、江苏、安徽等地在“政社分开”方面也取得了明显进展。上海市积极推进体育社会组织改革，确立其在体育治理中的主体地位，激发和释放了体育社组织的活力，目前上海市级体育社会团体已超过70家。江苏省体育局积极探索“政社分开”，实现与省体育总会人、财、物的全面分离，激发省体育总会活力，总会发挥枢纽型社会组织作用，引导、推动市、县体育总会与体育部门分离，并与省民政厅民间组织管理局协同开展体育社会组织评估，促进体育社会组织规范化建设。安徽省体育局印发了《加强体育社会组织建设的指导意见》，推进“政社分开”，引导和发挥省级体育社团在组织开展群众性体育活动中的作用。目前安徽省体育总会及各单项体育协会不仅常年组织全省性的体育活动竞赛，一些单项体育协会还配合省总工会、省残联、省民委、省农办等组织开展体育活动。

四、积极探索改革

在2012年以来，创新社会治理体制、加快转变政府职能、优化社会组织制度条件、社会组织进展速度越来越快。在这个大环境下，体育社会组织的改变也积极推进，并且在一些关键环节和重点领，如在“一业一会”“政社分开”以及政府购买公共体育服务等方面取得了进展。

（一）积极探索改革

2014年6月，中华全国体育总会第九次全国代表大会在北京召开。中华全国体育总会主席刘鹏（兼）表示：将选取不同类型的国家级体育社会组织进行四类改革试点工作，体育社会组织改革是体育总会全面深化改革的重要内容；主动坚固地推动非运动项目类以及一些非奥运项目的体育社会组织和改革试点脱离开来，使用一部分单项体育社会组织作为综合改革的试验地点，推动一些非奥运项目的体育社会组织实行社会化改革试验，给一些奥运项目的体育社会组织的能力进行优化，让它们的任务更加丰富；利用改革，更好地展现体育社会组织给予公共服务的能力，调动社会力量的能力，满足大众要求的能力以及承担政府部门相应作用的能力。找到和体育社会组织相匹配的管理方式和运行体系，深层次地调动体育社会组织的动力，彻底展现它在全民健身的举办、社会治理创新中的促进和推动作用。

（二）积极开展体育社会组织综合改革探索

江苏省在体育社团专项改革及管理创新方面，发挥体育总会“枢纽型社团”的作用，建立体育社会组织孵化基地，并且在各级体育社团能力建设方面进行积极探索、创新和突破，出台了《体育社团改革发展工作方案》，推进了体育组织的“三化”“五有”建设，在如何适应新体制，做好监管工作等多个方面进行了探索。2013年，安徽省为促进基层体育社会组织建设，省体育局、省民政厅联合下发了《关于培育发展基层体育社会组织的指导意见》。

（三）探索评价制度的改革

江苏省将群众体育组织建设纳入全省县级体育工作考核体系和体育强市（县）考核体系，对参加考核的市、县体育社团、体育俱乐部、社会体育指导员队伍等动态发展情况进行年度评价，并加强基层体育总会建设；同时出台了市级和县（市、区）级先进体育总会标准和试行办法，着力提升体育总会建设水平和公共体育服务能力。

（四）探索体育社会组织的评估制度改革

2011年以来，上海、江苏、浙江、安徽、江西、广东、宁夏、新疆等地积极协调地方民政部门，联合开展体育社会组织的评估检查，积极研究和制订相关管理办法，加强监管工作。安徽省体育局下发了《关于进一步加强体育社会团体建设的指导意见》，与民政部门联合出台了体育类社团评估办法，对全省体育类社团进行1A~5A级五个等级的评估，有156个体育社团被评为1A级以上，其中3A级以上社团有134个。2011年7月，江苏省民政厅、省体育局联合印发《江苏省体育类社会团体评估办法（试行）》联合开展省级体育社会团体评估工作。2016年1月6日，江苏省体育局、省体育总会联合发布《进一步加强体育社会组织建设的指导意见》，对体育社会组织建设的要求、任务以及保障措施做出进一步的指示。广东省全民健身促进会是我国第一家由省级民政部门通过公开招标批准的第三方评估机构。江西省体育部门为积极探索体育社会组织的评估制度，发布实施了《江西省体育社团工作年度考核办法》以加强和规范对体育社会组织的管理。

（五）探索强化能力建设

安徽省体育部门为促进体育社会团体实体化建设，发布实施了《关于推进全省性体育社团实体化试点工作的意见》。广东省韶关市为发挥单项体育团体在全民健身中的作用，加强体育社团建设，服务全民健身事业，努力推进单项体育协会健康发展。

（六）探索适应社会组织综合监管体系

在新的社会组织管理体制下，体育部门由业务主管单位转变为行业管理部门或业务指导单位，如何适应新的工作职责，做好行业管理和业务指导工作，许多地方的体育部门都积极探索，积极适应体制下的综合监管体系。

五、加强能力建设工作

社会组织的生命力主要体现在组织行动或服务的能力方面，包括服务覆盖率，实施公益项目的效率与效益，服务政府、服务会员、服务社会的效果等，组织能力越强，效率与效果越好，其影响力就越大，所获得的公信度也就越高。2013年以来，能力建设成为我国社会组织进展区域的主要发展方向。长久限制我国的体育社会组织进展的关键因素就是自身能力弱，应有的功能作用发挥不够，难以承担政府和社会所期望的责任。

近年来，国家也十分重视加强社会能力建设。2015年3月11日，国务院办公厅发布《关于发展众创空间，推进大众创新创业的指导意见》，提出要将社会组织等一些社会力量的作用发挥出来，快速将众创空间建立起来；带领并支持社会力量以大众创业和万众创新组织为中心，举办多项活动。2015年3月29日，国务院在印发《深化标准化工作改革方案》中提出要将团体标准制订出来，在此基础上，支持并带动拥有相关技能的社会组织和产业技术联盟将有关市场主体平衡起来，一起设置出可以达到市场和创新要求的规则标准；在正规严格的管理控制方面，团体的标准并不限制行政权力，标准的制订主体是社会组织以及产业技术联盟，二者自发进行制订并实行，使用拥有标准化技能的社会组织进行团体标准试验活动，设立团体标准对指引建议和正规化行为进行规范。目前，全国许多省份开始重视并采取措施加强体育社会组织的能力建设，北京、上海、江苏、浙江、安徽、江西、广东、广西、四川、宁夏、新疆等地的体育部门积极开展能力建设工作，引导、培育体育社会组织的自治能力，积极推动政社分开、管办分离，将应由体育社会组织承办的事务交其办理。安徽省体育总会在推进全省体育社团发展方面充分发挥了“枢纽”作用，并由于工作突出，在2010年被民政部授予“全国先进社会组织”荣誉称号。

社会组织的筹资能力有所增强，特别是社会力量举办的体育社会组织和基层体育社会组织筹资能力普遍较强，如上海、广东、安徽、江苏等省份的社区体育俱乐部和青少年体育俱乐部普遍建立了有偿服务制度，通过举办技能培训、夏令营、冬令营等活动，拓宽经费来源的渠道；一些地方体育社会组织通过市场化运作筹措经费，如上海、安徽、广东等地对全民健身竞赛活动进行市场化运作，以冠名权、赞助等方式筹措资金。

六、筹资渠道逐渐多元

政府的资金来自税收，企业的资金来自营利，社会组织既没有税收权又被禁止营利，其资金来源主要有三个，即政府资助、服务收费和社会捐赠。从我国的情况来看，融资渠道不畅导致资金缺乏成为长期制约我国社会组织发展的主要障碍，近年来，特别是党的十八大以来，随着加快转变政府职能，推行政府购买服务，国家重视社会建设及培育发展社会组织，筹资模式发生变化，民间与官方的融资机制逐步落实，常态化的社会组织“输血”机制也正在形成。

（一）多元资金制度框架形成

2013年以来，国家推出多项有关社会组织财政的综合配套政策。目前财政专项资助、彩票资助与政府购买服务资助等三种资金渠道已初步形成，并在一些地方取得实质性进展，如上海市黄浦区2013年7月实施的《黄浦区体育强区专项资金管理办法》规定对体育社会组织给予专项扶持，重点扶持基层社区健身团队，并且采取竞争性资助方式试行社区体育团队等级评定制度，根据评级情况予以经费扶持，以培育精品体育团队建设。2013年广州市民政局、财政局联合下发了《广州市福利彩票公益金扶持社会组织发展专项资金管理试行办法》和《广州市福利彩票公益金扶持社会组织发展专项资金资助社会组织培育基地建设管理办法》，两个办法有较强的操作性，而且门槛不高，对资金来源和用途给予明确，即由广州市本级福利彩票公益资金立项资助，专项用于扶持社会组织发展。2012年9月，广东省财政厅、民政厅和监察厅联合下发《广东省省级培育发展社会组织专项资金竞争性分配评审管理办法》，明确社会组织将通过竞争性评审获得扶持资助。

（二）推广政府购买取得重要进展

2013年9月，国务院办公厅印发了《关于政府向社会力量购买服务的指导意见》，同年11月党的十八届三中全会通过的《中共中央关于全面深化改革若干重大问题的决定》明确提出：推广政府购买服务，凡属事务性管理服务，原则上都要引入竞争机制，通过合同、委托等方式向社会购买。2013年12月，财政部发布《关于做好政府购买服务工作有关问题的通知》。2014年1月，财政部在广西举行的全国政府购买服务工作会议上明确提出：在全国全面推广政府购买服务，力争“十二五”时期初步形成统一有效的购买服务平台和工作机制，2020年在全国建立比较完善的政府购买服务制度。2014年12月财政部、民政部发出《关于支持和规范社会组织承接政府购买服务的通知》，民政部同时编印了《政府购服务政策文件选编》以指导地方政府开展购买服务试点工作。2014年1月31日国务院常务会议通过《政府采购法实施条例》。2014年民政部、财政部等4部门联合发布《关于支持和促进重点群体创业就业有关税收政策具体实施问题的公告》，此公告首次将民办非企业单位纳入享受税收政策的用人单位主体范围，制订了建立分层分级的社会组织税收优惠制度试点方案，协调解决了社会组织申领公益事业捐赠票据难问题，指导各地积极开展公益性社会组织接受捐赠税前扣除资格认定工作。2015年1月，财政部实施《政府购买服务管理办法（暂行）》。2015年3月，国务院下发《关于取消和调整一批行政审批项目等事项的决定》，取消了全国性社会团体筹备和社会福利资助项目审批。在国家一系列政策措施推动引导下，截至2014年底，全国已有23个省份出台了政府购买服务的指导文件，其中大部分制订的指导目录都有公共体育服务项目。各地积极探索使用财政资金、体育彩票公益金专项支持体育社会组织承接政府购买服务。2014年7月，江苏省体育局、财政厅联合印发了《江苏省本级向社会组织购买公共体育服务暂行办法》，这是一个由省级体育部门出台的购买公共体育服务的办法。国家体育总局印制的《支持体育社会组织开展全民健身公共服务经费管理办法（试行）》已在江苏、江西、宁夏、新疆4个省份开展试点工作。陕西宝鸡、广东韶关、内蒙古满洲里、江苏常州的体育部门十分重视体育社会组织孵化基地建设，积极解决办公场所不足问题，提供各项资金支持，培育引导体育社会组织加强能力建设。许多地方将一些重大活动或赛事通过服务购买委托给体育社团承办，借此培育体育社团组织服务能力。安徽省体育部门积极推动向协会购买服务，多项大型赛事及活动都委托社会团体承办，如淮南市政府将“2012年度CCTV武林大会走进淮南”和“2012年全国百城千村健身气功交流展示系列活动安徽启动仪式”委托相关协会承办；2013年安徽省青少年射击锦标赛及安徽省击剑锦标赛分别由省击剑协会和芜湖市射击协会承办；安徽省健身健美大赛由六安市健美协会承办。广东中山沙溪镇在向基层体育社会组织购买服务方面进行了探索，将镇里举办的体育活动全部通过购买服务的方式委托城镇和街道的体育协会承办；惠州市政府于2012年向社会公布了年度购买服务目录，其中包括购买体育服务的目录。

部分省份出台的举措具体明确，有配套经费，有可操作性，浙江省体育局下发了《关于体育协会开展群体竞赛经费补助（试行）办法》，明确规定对开展群众体育竞赛的各类体育协会给予相应的经费补助；福建省体育局制订施行了《福建省属体育社团开展全民健身活动补助办法（试行）》，对协会开展群众性体育活动给予资助支持；宁夏于2011年制订实施了体育社团“以奖代补”资金的办法。一些省份建立了表彰奖励制度，对在组织建设中做出突出成绩的个人和单位进行表彰，四川省将全民健身组织建设工作纳入《全民健身工作突出成绩奖评选办法（试行》，作为评选先进的重要内容。

（三）民间融资渠道正在形成

随着政策环境的改善和社会组织地位的提升，社会力量开始积极参与体育社会组织的发展。广东省湛江市一些民营企业利用非国家资产举办体育类民办非企业单位，为社会提供专门化体育服务；广东省“五人制”足球协会由多个民营企业发起成立，由其创办的“粤超五人制足球联赛”已举办三届，参赛队多，社会影响大，并于2013年开始投资尝试举办“五人制”女子足球比赛。

第二节　全国性体育社团建设和发展研究

中国的体育社会组织通常含有四种类型，包括体育社会团体、基金会、民办非企业单位以及非法人身份的草根体育组织。体育社会组织是体育事业多元治理结构中的重要一员，是政府职能转变的重要承接者。体育社会组织的形成、完善和进展，不但对于我国体育事业在管理方式上的转变有加速作用，也是国家治理体系和治理能力现代化建设的组成部分和必然要求。目前，我国的全国性体育社会团体（以下简称体育社团）是全国性体育社会组织的核心组成部分，其改革和发展对地方体育社团的改革和发展具有引领和示范作用，尤其是全国性单项体育协会是运动项目管理的核心，是深化体育事业改革和发展的关键环节。本节以全国性单项体育协会为核心，研究和探讨我国全国性体育社团的设立和发展的方针办法。

一、全国性体育社团构架变迁

（一）原有体育社团架构及其特点

20世纪50年代初，我国主要采用苏联及东欧国家的体育社团模式，形成了高度集中的行政型体育管理。为了办理体育事务，从中央到地方设立了不同层次的政府体育机构，即体育行政管理机关及其下属的体育事业单位，在政府相关部门也设立了体育管理机构。

高度集中的行政型体育管理体制决定了我国体育社团的基本架构。

在高度集中统一的体育事业社团体系中，政府充当着体育事业举办者、体育事业行政管理者、体育事业经营者等多重角色，体育社团数量少，没有实质性职权，仅是名义上的一块牌子。同时，体育事业被作为一项纯福利性的事业，根本就没有体育经营社团。所以，建国后的几十年时间里，我国体育社团体系的政府社团及其下属的体育事业单位构成体育体系的主体框架，体育企业、体育社团没有发展的制度空间。这种体育社团体系结构最基本的关系是行政隶属关系，主要特征有以下几点：

（1）责任和权力隶属于体育行政部门。将体育训练、竞赛、科研、教育、场地设施等各个领域、各个层次的控制权和应当社会组织承担的职责集中于体育行政部门。

（2）单一的纵向关系。只提供纵向联系的途径，从国家体委、省区市体委、地市体委、区县体委这种自上而下的等级体育行政组织之间，只有垂直关系，没有横向组织。

（3）自上而下的运作过程。以行政指令计划的方式，通过各级工作机构来开展体育工作。

（4）条块分割，各自形成相对封闭的系统。行业体育、系统体育、人群体育、单位体育、学校体育之间条块分割，形成了条块分割的等级社团形态。

（5）经费来源渠道单一，主要依赖国家拨款。所以，一直到改革开放前，我国体育社团基本上是体育行政机构和体育事业单位，体育社团无论是在数量上还是在类型上均比较薄弱，更不存在其他类型的体育社团。

（二）改革开放后体育社团架构的变化

改革开放以来，特别是社会主义市场经济体制的确立，政府精简机构、转变职能，政企分开，建立现代企业制度，新兴的经济联合体和企业集团出现，各种社团纷纷建立，这一系列社会组织体系的变化，处于社会变革之中的原有体育体制造就的社团形态已不能适应这种新的要求，体育领域与其他领域一样实行了改革，体育行政部门开始转变职能，实行政事分开，下放权力，把一些事务性工作交给事业单位和体育社团，把工作重点逐步转移到宏观管理上来。体育社团结构也发生了一系列新的变化，已初步形成门类齐全、层次有别、覆盖广泛的体育社团体系。

（1）随着运动项目管理体制的改革，大批运动协会实体化，承担起本项目训练、竞赛的管理职责随着训练体制的改革，各种形式的业余体育俱乐部和职业体育俱乐部纷纷建立起来。

（2）各行业体育协会逐步建立起来，他们组建的运动队在全国运动会上取得了参与资格，并培养了一批优秀的运动员。

（3）社会体育迅速发展，大量的社区体育协会不断涌现。

（4）体育市场的培育和开发，一大批体育企业应运而生，成为我国体育事业的有益补充。

（5）体育类民办非企业单位和体育基金会两种类型的体育社团也经历了从无到有的发展，突破体育类民间社团单一的局面。

在管理方式上，开始由行政型向行政与社会结合型转变，由单一的集中型向集中与分散相结合转变。政企分开、管办分离，事业单位自主权扩大，活力相对增强，体育社团的作用得到了发挥。在运行机制上，改变了过去单一的计划机制，逐步将激励机制、风险机制、竞争机制等市场机制引入了体育社团，增强了体育社团的生机，提升了体育事业自我造血的能力。

（三）当前我国体育社团架构的基本组成

当前，我国体育社团体系大致可以分为四大类型，即行政类、事业类、企业类和社团类。其中，社团类体育社团即体育社团又可细分为社团类、民办非企业单位以及体育基金会三种类型。这些不同类型的社团在工作目标、职能、服务对象、社团形式和运行机制上各具特点，它们在社会中的地位与作用也存在不同，从而构成了复杂多样的体育社团体系结构。

行政类体育社团：主要指各级体育行政部门以及其他政府部门设立的相应体育管理机构。这类体育社团是体育事业的行政管理部门，在各级各类政府部门的领导下，按条块格局分别承担相应体育工作的领导、协调和监督职能。

事业类体育社团：指各级体育行政部门直属的事业单位，包括国家和省市运动队、训练基地、体育总局各项目运动管理中心、公共体育场馆、体育院校和体育科研单位、业余体校等。它的主要任务是培养优秀运动员和各类体育人才，为体育训练、竞赛和群众性体育活动的开展提供场地、技术、科研等服务。

企业类体育社团：主要指以营利为目的的体育经营社团，包括职业体育俱乐部，商业性体育俱乐部，体育报刊、图书、音像制品出版发行机构，体育中介服务机构等。

社团类体育社团：这类体育社团专指我国一些人民团体内部设立的体育社团。如工会、共青团、妇联等都设有体育机构，负责组织职工、青年和妇女的体育活动。工会、共青团、妇联等属于人民团体范畴，不是行政机关，也有别于一般社会团体。这些人民团体政治地位特殊，社会影响广泛，并依照我国行政体系而建立起强大而严密的从中央到地方，并渗透到各机关、企事业单位的社团系统，其主要任务、机构编制和领导职数由中央机构编制管理部门直接确定，它们虽然是非政府性的组织，但在很大程度上行使着部分政府职能。因此，本书称其设立的体育社团为类行政体育社团。

社团类：即体育社团。这类体育社团类型比较复杂，除了在各级民政部门社团登记注册的体育社团，也包括挂靠在机关、社团、企事业单位内部不需要民政部登记的各种体育社团。

民办非企业单位即由企业事业单位、社会团体、其他社会力量和公民个人利用非国有资产举办的不以营利为目的的，以开展体育活动为主要内容的中心院、社、俱乐部、场馆等民办社会社团。

体育基金会即利用个人或社团捐赠的资产从事体育公益活动的民间非营利社团。

从起初单一的体育行政社团和事业单位社团，到各类体育社团的多样化发展，可以说，计划经济体制下的原有体育社团架构已经打破，新的社团架构初见雏型。但无论是各社团的职能分配还是内部的运行机制将是今后相当长一个时期深化体育改革的一项重要任务。2002年颁布的《中共中央国务院关于进一步加强和改进新时期体育工作的意见》，特别强调要“继续深化体育体制改革，促进运行机制转换”，指出“要明确政府和社会的事权划分，实行管办分离，把不应由政府行使的职能转移给事业单位、社会团体和中介组织。体育行政部门要把工作重点转移到贯彻国家方针、政策，研究制订体育行业政策和发展规划，依法加强行业管理和提供服务上来”“要根据我国的国情，汲取国外的成功经验，逐步理顺各级体育组织之间的关系，分工合作，形成新时期有利于体育事业发展的社团架构和适应社会主义市场经济要求的运作方式”。为实现这些目标，形成“有利于新时期体育事业发展的社团架构”和良性的运作方式，我国体育社团体系结构必须要有根本性的变革。这一变革的重点，是发展横向联系的机制和结构，建立起包容范围更广泛、联系渠道更多样、更具稳定性、开放性、灵活性和自主性的社团体系，形成有效的体育事业宏观调控机制和社会参与机制。

二、全国性体育社团建设和发展面临的形式

（一）全球公共服务模式的转型发展和治理理念的兴起

1. 公共服务供给中公私合作伙伴关系的形成

在第二次世界大战以后，伴随社会科技和经济的不断进步，很多相关社会保障制度的确立和实施，西方国家慢慢产生了福利国家的形式，政府功能大范围地投入到市场无法展现功能或者无法全面展现作用的义务教育、初级医疗保健、养老保险、失业保险、贫困救济、国民收入再分配、环境保护等公共领域。并且，政府部门在福利领域的费用投入占据国民生产总值的比例也慢慢提升起来，如美国、日本、德国、法国和英国5国政府在福利方面的支出占国内生产总值的比重在19世纪70年代平均为10%，到了20世纪30年代这一比重升至25%，而到了20世纪90年代则上升到40%以上，而欧共体更是高达54%。自20世纪70年代以来，世界经济发展放缓，迫于高额的福利开支给政府带来的巨大的压力，以及全球竞争的加剧，为提高公共服务效率，英国、美国等一些西方国家开始探讨公共服务模式的变革。政府从部分公共产品领域退出，将非营利组织、私营部门引入公共服务的生产领域，在提供方式上引入市场和竞争机制。这样，新公共管理理论将传统公共产品和公共服务的提供、消费两个环节转为安排、生产和消费三个环节，增加了生产环节。政府为公共服务的安排者，生产者由单一到多元，引入了非营利组织、私营部门。在提供方式上引入市场和竞争机制。多元化的提供主体和提供方式提高了公共服务的效率，增强了政府对公众多元需求的回应性。同时随着公共服务变革的发展，形成了一部分体制改变的现象，如决策听证制度、业绩评价系统、官员问责等机制的出现。这些制度安排，从制度上激励公共服务中的政策制订者、生产者和消费者三者共同创造和维护良好的公共服务体系。

2. 治理理论的兴起及其内涵

公共服务模式的转型发展也带来社会事业的治理由政府一元化管理模式走向政府、营利组织、非营利组织共同参与多元化的合作模式。这也是20世纪90年代以来社会管理理论产生的实践前提条件。

国家管理和治理之间，最主要的不同就是治理的主体从单一化变成了多元化。管理的模式是为了形成一种良性的管理体系，要求不一样的治理主体进行有效的工作配置，为了目标一起努力，主体之间要维持良性的合作关系。国家应该摒弃单一的管制身份，变成和公民社会、民间社团、

个体组织等不同主体合作的相互关系。治理方式要从硬性管理机制转为软性服务机制，治理的空间也从平面向网络发展，治理目的从工具化转变成了价值化。社会治理理论经历了从“治理”到“共治”的演变。西方学者把共同治理解释成涵盖了政府、个体和自愿机构在内的不同主体，利用竞争、调解、合作、沟通而形成共同意识，从而对公共事务实行团体活动的过程，共治的中心为对公共权力和资源进行有效的分布和使用。

（二）我国全面深化改革和社会组织的政策走向

随着我国社会经济的发展，社会公共需求日益广泛和多元，建设全面小康社会和社会主义和谐社会对我国政府的公共服务职能提出了新的要求。2005年，温家宝同志在《政府工作报告》中提出要“努力建设服务型政府”。“公共服务型政府”的基础本质为：给整个社会带来基础并有保证的公共物品和可行的公共服务，持续满足社会广泛人群不断增加的公共需求和利益要求，在这个前提下产生政府管控的体制配置。在公共服务供给中与政府相比，社会组织具有多样性、回应性、灵活性等多种优势，能够更好地回应社会不同群体的需求，有效提高服务针对性和服务质量。同时，社会组织是政府和公民之间的桥梁和纽带，是公共需求和公众满意度的重要反馈渠道，是多元社会治理的重要一员。

党的十八大首次提出：加快形成政社分开、权责明确、依法自治的现代社会组织体系。党在十八届二中全会以及十届全国人大一次会议审议通过的《国务院机构改革和职能转变方案》指出，要“政社分开”“改革社会组织管理体制”“更好地发挥社会组织在管理社会务中的作用”。党的十八届三中全会通过全面深化改革的《中共中央关于全面深化改革若干重大问题的决定》，其中至少有13处涉及与“社会组织”相关的内容，并与“国家治理体系和治理能力”的“现代化”相呼应，确立了社会组织在治理体系中的主体地位。

继党的十八届二中全会和十二届全国人大次会议审议通过《国务院机构改革和职能转变方案》之后，2013年3月29日，国务院办公厅印发了《关于实施〈国务院机构改革和职能转变方案〉任务分工的通知》，凸显和实践了向市场放权、向社会放权的宏观思路。根据通知的要求，发改委、民政部会同国资委等有关部门负责，逐步推行进业协会、商会与行政机关脱钩。根据整体深化改革的安排，民政部指出了“打造健全法制、完善政策制度、公正平等的社会组织发展背景，组建有效框架、职能完整、诚实守信、有次有序的社会组织进展局面，变成政府和社区分立、权责清晰、依法管理的当代社会组织体系”，并且制订了“脱钩管理”“直接登记”“一业多会”“规范内部治理”“坚持培育发展”“强化法律责任”

等相关措施。

2013年9月26日，国务院办公厅颁发了《关于政府向社会力量购买服务的指导意见》，给深度改变政府功能、完善公共服务等进行了重要安排，给采购主体、连接主体、采购内容和机制、资金和绩效掌管等提供了主要的需求。确认了连接政府购买服务的主体，这些主体涵盖了依法注册登记形成的社会团体、单位、组织等社会力量。2013年11月21日，民政部印发了《2014年中央财政支持社会组织参与社会服项目实施方案》的通知，同时颁发了社会组织投入到社会服务项目的资助领域、申报方式、实行手段、项目人员锻炼、示范项目管制方法等一系列体制布置和详细安排；2013年12月11日，财政部颁发了《关于做好政府购买公共服务工作关问题的通知》，对进一步做好政府购买服务工作进行部署。

2015年7月8日，中共中央办公厅、国务院办公厅印发《行业协会商会与行政机关脱钩总体方案》，明确了行业协会商会与行政机关脱钩的思路原则、主要任务、配套政策、实施机制和时间安排。2015年7月16日，国务院印发了《关于成立行业协会商会与行政机关脱钩联合工作组的通知》，明确了联合工作组的组成和工作职责，工作组组长由国务委员王勇担任。2015年7月31日，民政部、国家发改委发出《关于做好全国性行业协会商会与行政机关脱钩试点工作的通知》，进一步明确了试点工作的指导思想、实施步骤和阶段的具体工作任务。对试点主体、试点时间、试点任务和组织实施等做了规范。总的安排是，2015年下半年选择100个左右全国性行业协会、商会开始第一批试点，2016年总结经验、扩大试点，2017年在更大范围试点。

2015年9月6日，财政部下发《关于做好行业协会商会承接政府购买服务工作有关问题的通知（试行）》；9月7日，民政部发布了《全国性行业协会商会负责人任职管理办法（试行）》，财政部下发《关于行业协会商会脱钩有关经费支持方式改革的通知（试行》；9月14日，国家发改委印发《全国性行业协会商会行业公共信息平台建设指导意见（试行）》的通知；9月22日，财政部对外发布《关于加强行业协会商会与行政机关脱钩有关国有资产管理的意见》；9月27日，中共中央办公厅印发了《关于加强社会组织党的建设工作的意见（试行）》；9月29日，国务院机关事务管理局下发《全国性行业协会商会脱钩改革有关行政办公用房管理办法（试行）》。目前，行业协会、商会与行政机关脱钩的配套政策已经陆续出台，首批脱钩试点的协会有148个，脱钩试点改革工作持续稳步推进。

2018年2月28日，中国共产党第十九届中央委员会第三次全体会议通过了《中共中央关于深化党和国家机构改革的决定》。《决定》指出，统筹党政军群机构改革，是加强党的集中统一领导、实现机构职能优化协同高效的必然要求。要统筹设置相关机构和配置相近职能，理顺和优化党的部门、国家机关、群团组织、事业单位的职责，推进跨军地改革，增强党的领导力，提高政府执行力，激发群团组织和社会组织活力，增强人民军队战斗力，使各类机构有机衔接、相互协调。

要深化群团组织改革，健全党委统一领导群团工作的制度，推动群团组织增强政治性、先进性、群众性，优化机构设置，完善管理模式，创新运行机制，坚持眼睛向下、面向基层，将力量配备、服务资源向基层倾斜，更好适应基层和群众需要。

促进党政机构同群团组织功能有机衔接，支持和鼓励群团组织承担适合其承担的公共职能，增强群团组织团结教育、维护权益、服务群众功能，更好发挥群团组织作为党和政府联系人民群众的桥梁和纽带作用。

要推进社会组织改革，按照共建共治共享要求，完善党委领导、政府负责、社会协同、公众参与、法治保障的社会治理体制。加快实施政社分开，激发社会组织活力，克服社会组织行政化倾向。

适合由社会组织提供的公共服务和解决的事项，由社会组织依法提供和管理。依法加强对各类社会组织的监管，推动社会组织规范自律，实现政府治理和社会调节、居民自治良性互动。

要加快推进事业单位改革，党政群所属事业单位是提供公共服务的重要力量。全面推进承担行政职能的事业单位改革，理顺政事关系，实现政事分开，不再设立承担行政职能的事业单位。加大从事经营活动事业单位改革力度，推进事企分开。

区分情况实施公益类事业单位改革，面向社会提供公益服务的事业单位，理顺同主管部门的关系，逐步推进管办分离，强化公益属性，破除逐利机制；主要为机关提供支持保障的事业单位，优化职能和人员结构，同机关统筹管理。全面加强事业单位党的建设，完善事业单位党的领导体制和工作机制。

（三）加快体育社会组织的培育、建设和发展的紧迫性

（1）体育日益融入国家整体发展的战略目标，对充分发挥体育的多元社会作用提出了新的要求。当今中国，体育作为公共服务体系的重要组成部分，日益被纳入民生工程和社会建设。自从党的十八大召开以后，习近平同志发表了很多次重要性的讲话，主张整体全面的形成小康社会、达到中国民族伟大复兴的战略目标，对体育事业的发展进行高度关注。他主张："体育可以代表社会发展和人类进步的程度大小，属于综合国力以及社会文明程度的主要展现。体育对于人民身体素质的提高、健康水平的提

升、人类社会的进步、人民精神文化生活的发展和社会经济的进展方面来说，具有极大的推动作用；对于鼓励人们追求卓越、展现自我的精神方面来说，也具有至关重要的作用。

（2）建设体育强国，完善体育公共服务体系，需要加快培育建设和发展体育社会组织。改革开放以来，我国体育事业取得了巨大成就，群众体育蓬勃发展，体育产业初具规模，竞技体育实力不断增强，特别是在2008年北京奥运会上，我国的竞技体育取得了辉煌的成就，为世界瞩目。但与竞技体育相比，我国的群众体育还相对滞后。胡锦涛同志在北京奥运会、残奥会总结表彰大会上指出，要“加快促进我国从体育大国发展成体育强国”，并主张“我们应该持续以加强公众身体素质、提升全民体质和生活水平为目的，集中关注并全面展现体育在推进人的整体进展、推动经济协会进展当中的主要影响，让竞技和群众体育得到平衡进展”。党的十八大报告指出，一定要从保障公众的最大权益，快速建立公众基础公共服务系统，以改善民生为出发点和落脚点，进一步强化政府公共服务能力，快速完善公共服务机制。构建公众满意的服务型政府是新时期对政府提出的新要求。

当前，我国群众体育健身和文化需求日益增长，体育的价值诉求日益多元，与公共体育服务供给模式单一、公共体产品针对性不强、多元化的服务体系尚未建立的矛盾突出。体育事业日益融入国家发展的整体战略目标与体育改革滞后、现代化治理体系尚未建立的矛盾突出。要解决这些问题，一方面需要加强政府在政策引导、资金支持、环境打造等方面的投入力度；另一方面必须转变政府职能，大力培育、建设体育社会组织，充分调动社会力量，拓宽体育产品和服务的提供渠道，组建多元化的公共服务机制，达到公众心中对体育的不同标准。

（3）体育社会组织的改革不断推进，深化体育管理体制改革，构建现代化体育治理体系已达成共识。党的十八大以来，我国进一步加大了对社会组织培育、建设和发展的步伐，逐步推进现代化的社会组织体系建设。为落实相关要求，国家体育总局从2013年开始对全国性单项体育协会综合改革试点进行探索。2014年在小球运动管理中心、自行车击剑运动管理中心进行了综合性试点改革。其后，国家体育总局强调更深层次的以运动项目管理中心和单项体育协会改革试点作为重要关键点，将体育管控体系的整改进行下去。了解了综合思考、试验先行、分类促进、有序实行的整改方案，实行改革的顶层安排，在问题的指引下，颁布了《以运动项目管理中心和单项体育协会改革为突破口，深化体育管理体制改革的方案》。2016年8月21日，国务院办公厅发布《关于改革社会组织管理制度促进社会组织健康有序发展的意见》，并于2016年8月21日起实施，以进一步加强社会组织建设，激发社会组织活力。

2014年底，在全国体育局长会议上，原国家体育总局局长刘鹏介绍了协会改革的相关政策。第一，对中国足球协会的管理单项体育协会的机制的试点进行力度上的加强措施，快速建立实施意见；第二，在中国汽车运动联合会和中国摩托车运动协会两个方面实行单项体育协会综合体制的试点改革措施，项目中心的职能全都由协会来负责，协会根据社会组织体系进行活动的运行；第三，在中国龙狮运动协会、中国健美协会、中国台球协会这四个方面，实行单项体育协会分离管理的形式，利用体育社团机制运行的方式，进行试点的改革活动，进行试点的时候，所有能够交给协会进行管理的事务都交给协会处理；第四，给奥运项目协会实行单项体育协会能力改良的试点改革举措，这些协会包括游泳协会、滑雪协会、滑冰协会、冰壶协会、冰球协会、铁人三项协会、击剑协会、自行车协会、马术协会和高尔夫球协会。内容涵盖加强和增加奥运项目协会在公众体育和体育文化等层面的作用、体系，全面展现这些协会在群众体育、体育文化进展方面的价值，增加社会影响力；第五，把不同的奥运项目协会根据国家有关行业协会和行政机关相关联的行为，实行单项体育协会不挂钩的试点改革举措；第六，把16个非运动项目协会和行政机关、事业单位脱离开来。刘鹏指出："按照改革试点得到的经验，将根据不一样的形式，慢慢全面展开全国性单项体育协会整改，同时将事业单位进行合理的统一和分配，最后形成政府合理管控、市场资源分布平衡、社会体育组织迅速壮大的现代体育体系和有效正规的体育馆里运行体系。"目前六类体育运动协会的改革在积极探索中推进改革。

足球项目作为全面深化体育改革的突破口，得到国家的高度重视。2015年2月27日，中央全面深化改革领导小组第十次会议审议通过了《中国足球改革发展总体方案》，指出包含协调整改中国足球协会、改革改善职业足球俱乐部建设和运营模式、改革推进校园足球发展、普及发展社会足球、改进足球专业人才培养发展方式、推进国家足球队改革发展、加强足球场地建设管理、完善投入机制、加强对足球工作的领导等方面共50条具体措施。《中国足球改革发展总体方案》提出了调整改革中国足球协会，具体内容包括明确对中国足球协会的定位及其职能、调整组建中国足球协会、优化领导机构、健全内部管理机制、健全协会管理体系加强党的领导。为了贯彻落实足球改革方案，2015年8月17日，国务院足球改革发展部际联席会议办公室印发《中国足球协会调整改革方案》，提出调整改革中国足球协会是中国足球改革发展的关键，是理顺足球管理体制、创新足球管理模式的基础，要按照政社分开、权责明确、依法自治的原则，实现中国足球协会与体育总局脱钩，实现国家体育总局足球运动管理中心（以下简称足球中心）由事业单位向社团常设办事机构（协会秘书处）的转变。转变完成后，适时撤销足球中心并按规定核销相关事业编制。中国足协依法独立运行，在内部机构设置、工作计划制订、财务和薪酬管理、人事管理、国际专业交流等方面拥有自主权。加强中国足球协会治理制度和机制建设，完善《中国足球协会章程》，完善会员结构，优化执委会结构，健全专项委员会，健全中国足球协会内部管理机制，加强党的领导，并提出了具体的实施办法。国足球协会进行内部人员调整、招聘，足协与政府职能部门间的职能清单划分等工作陆续开展。2018年7月19日，国务院办公厅发布《国务院办公厅关于成立国务院推进政府职能转变和“放管服”改革协调小组的通知》，并成立协调小组，以确保政府职能转变，促进体育社会组织发展。

构建与我国社会主义现代化建设相适应的现代化的体育社会组织管理体制和运行机制，进一步发挥体育的多元化社会功能和综合社会价值已达成共识。在国家相关政策的指导下，基于体育事业的实际情况，深化体育事业管理体制改革，积极探索与现代化社会治理方式相符合的体育社会组织管理体系和运行体系，组建全新的体育治理模式。

三、全国性体育社团建设和发展对策

党的十八大提出全面建成小康社会的奋斗标，党的十八届五中全会进一步强调要统筹推进经济建设、政治建设、文化建设、社会建设、生态文明建设和党的建设，确保如期整体建立小康社会，为形成第二个百年奋斗目标，实现中华民族伟大复兴提供了前提条件。体育事业是我国社会建设的主要构成元素，对于建立小康社会的进展步伐来说，具有非常显著的作用。积极贯彻落实国家关于全面深化改革、激发社会组织活力的系列方针政策，加强全国性体育社团的培育、建设和发展，积极构建政府、社会、市场组织间新型的合作伙伴关系，构建与我社会主义现代化建设相适应的体育社会组织管理体制和体育事业治理模式是当前亟待探索解决的问题。本节以全国性单项体育协会为核心来分析我国全国性体育社团建设和发展的对策。

（一）明晰全国性体育单项协会的职能，准确定位协会的公益法人和互益法人身份

1. 明确全国性单项体育协会的职能

社会组织属于非营利性的组织范畴，既有公益性，又有私有性，一方面给社会带来了公共和准公共产品，拥有公益性；另一方面给内部成员带来了公共利益性质的俱乐部产品。当今社会，社会事业慢慢变得更加复杂，政府渐渐地把之前通过自己担负的一部分技术类事务和专业类事务转移到具有行业性的专业组织中去管理掌控。这类专业组织不但要具有公共产品和公共服务，还要肩负起对社会公共事务的管理责任。

我国《体育法》指出：单项体育协会管理该项运动的普及与提高工作，代表中国参加相应的国际单项体育组织。这样就通过法律的形式确认了单项体育协会对该项目的公共管理职能。全国性单项体育协会的公共管理能力通常包含促进项目整体可持续进展的整体安排、进展部署、发展方针、法制设立，还包括为市场提供存在失灵的准公共产品和服务，如项目的大众普及等。我国体育事业具备为国争光的责任，有关联的竞技项目国家队的设立等也被归类于公共体育衍生物品，其相关专业性的任务也可以由政府委托体育运动项目协会来负责管理。此外，作为行业性的组织，其自身也具有代表、服务和管理行业内部事务的职责。

2. 明确单项体育协会的定位和性质

（1）全国性单项体育协会和其他行业协会之间的区别。根据《社团登记管理条例》，社会团体指的是"通过中国公民自发形成，为了达到会员的统一愿望根据相关章程实行活动的非营利性社会团体"，国家机关之外的团体只能通过单位会员的形式融入到社会团体中，不可以自发组织成为社会团体。行业协会主要通过企业和经济组织的力量设立起来，追求或者保障行业利益的自治团体。一般说来，根据我国的定义划分，社会团体属于人的综合，行业协会属于法人的综合。另外，双方在组建者、内部成员、活动区域、追求的权益等方面，都存有很大的差别。体育事业和运动项目的公益性特点使得单项体育协会的公共性更强，区别于经济同盟和以行业规制为主要职能的行业协会。

（2）全国性单项体育协会作为运动项目的整体代表，和行业内的协会有所不同。行业内的普通协会和团体指的是一个行业里面的一些成员，为了达到既定兴趣、信仰和感情的目的或者为了实现小规模的经济效益而产生的团体，这些组织和协会归属于社会团体范畴，但是脱离于行业协会。行业性协会代表的是行业的整体权益，统领了整个行业。但是行业内的协会往往是由少量人员构成的，往往代表一小部分人员的权益，通常不代表

行业的整体权益。根据体育法规定，全国性单项体育协会是代表行业整体利益的行业性协会，其与行业内存在的，由行业内部分群体组成的协会、志愿组织等不同。两者的法律属性不同，应当明确区分。

（3）对全国性单项体育协会适用于“一业一会”还是“一业多会”的分析。郁建兴认为“一业一会”和“一业多会”制度的区别在于一个行业内是成立一个协会还是多个协会。假如行业协会的规模大小是固定的，从潜在会员人数数量比较大的行业角度来讲，一个行业一个协会的制度会造成很多企业由于受到规模大小的束缚，无法归为行业协会范畴。不能入会的企业不得不通过已有的行业协会所带来的共享物品中获取利益，而无法从受益对象的共享产品当中得到利益，并且由于受到政策的限制，没有办法形成全新的行业协会，从而不能给自己带来相应的共享产品，进而造成行业内共享产品的提供不能形成最大的优化。减少对一个行业、一个协会的政策束缚，可以减少由此带来的影响，如此一来，和其相伴而生的行业协会的运作规则也会产生变化。受竞争的影响，“一业多会”有可能带来行业协会的俱乐部化，行业协会“会员逻辑”的强化（以满足特定会员群体需求为导向）将导致公共利益的碎片化。

我国全国性单项体育协会是具有较强公益性的行业性组织。“一业多会”对于克服协会的垄断会有一定的作用，但也有可能导致公共利益碎片化或公共利益的偏离。因此，为了克服两者的弊端，可以考虑借鉴俄罗斯等国家的做法，通过政府动态授权的方式，明确符合要求的单项体育协会具有本项目的行业代表性地位，保障公共利益的实现。

3.明确全国性单项体育协会的公益法人和互益法人身份

由于社会组织公益性程度各不相同，能够把非营利组织划分为不一样的类型。例如，非营利组织的公益性和互益性类型。通过对国外的调查，大陆法系一般都是按照营利性和公益性的二元化理论对法人进行划分，但是美国对法人的划分并不是营利性和公益性两种，而是营利性和非营利性两种，同时将非营利性法人划分成公益性法人、互益性法人和宗教性法人三种类型。我国政府的有关的法律制度文件中，都没有将社会组织的公益性和非营利性进行清楚的划分，对民办非企业单位等相关社会组织没有做出严谨的公益服务标准和方向，也没有设立非营利运行的需求和相关的考核机制，因此会造成在体制设立、机构实践和治理当中经常把社会组织和企业混淆的问题出现，也没能在税收和公共资源供给之间将公益性的非营利和营利性社会组织之间进行准确严谨的划分。对于非营利性组织更没有从公益和互益性的角度进一步区分，并提出不同的运行要求。

《体育法》规定，全国性单项体育协会管理该运动项目的普及和提高工作。同时，单项体育协会类型不同，对共享产品和服务的供给职能也不一样。所以，在整体授权的前提下，按照协会的不同形式，所承担的公共服务和公共管理的不同，对其公益法人身份进行确认，并使其在运行中严格遵守非营利的原则。

（二）明晰政府和全国性单项体育协会的职能划分，建立规范化、制度化的政府和社会组织关系

1. 明晰政府和全国性单项体育协会的职能划分

1997年，国家体育总局颁布了《国家体育总局运动项目管理中心工作规范暂行规定》，其中规定“项目管理中心”是“承担运动项目管理职能的国家体育总局直属事业单位，是所管项目全国性单项协会的常办事机构，负责所管项目的各项工作”。因此，全国性单项体育协会实际上是依托运动项目管理中心来运作的。

改革开放以来，我国持续推进事业单位改革，2011年中共中央、国务院发布《关于分类推进事业单位分类改革的指导意见》，并陆续配套系列政策。根据社会功能标准将现阶段事业单位划分为履行行政职能的事业单位、生产经营类事业单位和公益性事业单位，改革的路径是行政职能回归行政机构，生产经营类事业单位转为企业，改革后将只公益类事业单位继续保留在国家事业体制内。

党的十九届三中全会审议通过的《中共中央关于深化党和国家机构改革的决定》进一步做出全面部署，要求：加快推进事业单位改革；全面推进承担行政职能的事业单位改革；加大从事经营活动事业单位改革力度；区分情况实施公益类事业单位改革；全面加强事业单位党的建设。

事业组织是政府直接提供公共服务的组织形式。遵循有限政府的理念政府的事业职能以必要为前提，也就是在迫不得已的状况下才可以由政府来供给。出于效率方面的考虑，在明确国家事业功能的前提下，在明确执行事业功能的组织方式时，应该考虑公用企业和民间组织这两种方式。公共服务的目的就是为了满足公共的需求，进而举办活动，但是公共需求是不断进展和持续变化的，所以公共服务的本质会因为社会需求的改变而产生相应变化。总体来说，随着计划经济体制转变为市场经济体制，随着政府、市场、社会三维社会结构的产生，随着市场决定性功能的体现，政府职能呈现收缩趋势，事业组织范围的缩减也是必然趋势。

因此，随着我国体育社团相关制度和保障机制的完备，以及社团内部治理结构、组织能力和自治体系建设的不断加强，应根据不同类型协会的具体情况，明晰政府和协会之间的职能划分，将能够给协会承担的任务交给协会来承担，充分发挥协会的社会服务和行业管理功能。

各类运动项目管理中心作为国家事业单位，尤其部分竞技运动项目中心拥有场地、设施、科研、高水平运动专家等优势，如果必须设立事业单位，也可以进一步探索将其定位于服务型组织，将其行政性的管理职能归还政府，运动项目中专业性的管理和服务逐步由政府购买成熟起来的运动项目协会的服务来承担。三者形成政社分开和管办分离的契约型合作伙伴关系。政府提供的公共体育产品主要着眼于体育事业的整体发展。例如，制订体育事业发展的中、长期规划，制订体育政策，对体育事业进行公共财政投入，对体育事业的发展进行调查、研究和指导，促进体育事业的整体平衡发展等。全国性单项体育协会在体育事业管理体制改革中承担了政府转移出来的部分公共体育产品和相应的公共职能。两者所提供的公共产品的差异体现在层次上的不同。全国性单项协会的公共功能通常表现为推动项目的全面进展，如制订项目发展的规划，促进项目的普及等。

2. 建立规范化、制度化的政府和社会组织关系

我国《社会团体登记管理条例》表明，业务主管机构对协会的管控通常含有登记注册、业务管理，业务管理主要包括业务指导、日常管理、监督检查。但这些具体内容并没有清晰的界定，业务主管部门对社团组织进行监督和管理的自由裁量空间较大。

2001年，国家体育总局发布了《全国性体育社会团体管理暂行办法》，明确了国家体育总局相关业务厅、司、局按其主管业务对全国性体育社团分别实行相应的管理与监督。对“中心+协会”模式，一方面是协会自身的公共职能并没有明确，相应的运行规则也并不清晰；另一方面各业务厅、司、局按其主管业务对协会的事中、事后监督缺乏有效的实施。因此，明晰政府和协会的权责边界，切实转变政府职能，建立以服务为轴心的规范化和制度化的新型政社关系，逐步将协会层次的职能交由协会自主管理。完善政府对协会的事中、事后的综合监管机制，畅通协会参与公共决策的渠道。

《关于进一步加强社会组织监管工作的意见》（以下简称《意见》）于2016年8月出台，《意见》规定将以6种方式加强社会组织监管。

社会组织监管工作主要的6种方式为：一是实施年度检查，登记管理机关依法对社会组织实施年度检查，并逐步推行网上年检；二是加强等级评估，完善分类评估指标体系，建立健全第三方社会评估机制；三是实行信息公开，建立统一的社会组织信息披露平台；四是建立重大事项报告制度；五是规范组织行为；六是加强信用体系建设，制订社会组织信用建设办法，完善社会组织信用信息记录、共享和使用管理制度。同时，推行社会组织信用承诺，建设社会组织法人信息库，建立社会组织及负责人信用

记录制度，开展社会组织信用等级评价，建立“黑名单”制度和失信惩戒制度。

（三）完善全国性单项体育协会的内部治理，加强自身能力建设，推动社团组织自治体系的发育成长

从总体上看，目前协会的实体化程度不高、能力不强、内部治理结构不完备等问题突出，为政府、社会、行业、企业、会员服务的能力和满足社会需求的能力还急需加强。

1. 加强全国性单项体育协会内部治理结构的建设

社会组织的内部治理，既包括人力资源、员工薪酬、激励约束、财务资产、组织战略等制度措施，又包括组织内部的权力制衡的制度安排。体育社团的内部治理能力建设，主要侧重于内部权力制衡的治理结构建设。依托项目管理中心的运行模式，使大多数协会组织建设虚化，内部的监督和制约不足。对此，急需完善以章程为核心的协会内部管理制度以及理事会（委员会）、监事会、会员代表大会等建设，加强协会的社会化和实体化。完善协会内部管理机制、权力运作过程和工作规定，设立决定、实行、监控三方面权力，彼此之间不但可以互相约束，还可以互相平衡。

2. 加强全国性单项体育协会自身能力建设

所谓社会组织功能指的是社会组织通过对资源的使用，建立了组织愿景和使命，设立方案和目的，同时进行合理的实行，给社会带来公益性或者是互益性的物品和服务，让组织和环境彼此可以维系优良的互动关系，获取竞争上的先决条件，保证组织在可持续发展的过程中展现潜在的能力和素质。社会组织功能的设立往往可以划分成8个方面，即内部治理能力、战略管理能力、筹募资源能力、财务管理能力、人力资源管理能力、公益营销与公关能力、项目管理能力和公信力管理能力。社会组织功能是社会组织不断进展，切实变成社会管理主体之一的前提条件。目前，全国性单项体育协会与项目管理中心一体化的模式使协会自身建设弱化，急需加强专业人才、项目运营、战略规划、服务社会和会员等能力建设。

（1）加强专业人才建设。社会组织的服务能力和治理能力的主要要素是专业化水平和能力。专业人才匮乏是目前全国性体育社会组织面临的普遍问题。因此，急需探索并完善相关政策，增加协会用人的自主性，实行灵活的用人机制，使协会能够根据项目进展、社会标准，广泛吸收社会需要的优秀人员扩大工作队伍力量，提升人员的整体素质。

（2）加强协会战略规划、项目运营和服务能力建设。虽然社会组织和政府及企业不一样，可是在实践中，社会组织更加频繁地和政府及企业

相互合作结伴，在运作上也高频次地在市场机制中吸收政府及企业高效、正规、系统的多种机制优势，要求社会组织领导人越来越具有企业家精神等。目前，全国单项体育协会无独立账号、自主性弱等问题依然困扰协会发展。国家已出台相关政策，要求有关部门要积极建立独立账号，完善财务管理。充分利用协会的品牌赛事、项目人群、专业人才、行业标准、唯一代表国家参加国际组织的资格、媒体转播权等核心资源，提升协会战略管理、项目运营、公益服务和社会影响力。通过广泛开展国内外交流，充分发挥专业技术优势，以优质服务凝聚会员、服务社会，使协会在积极服务社会、服务会员中成长壮大。

3. 加强全国性单项体育协会自治体系的建设

社会组织自治体系是实现其弥补政府和市场运行逻辑失灵的关键，也是其成为多元治理结构中的关键。全国性单项体育协会、各级地方单项体育协会、各级体育总会、民办非营利组织、俱乐部、团体和个人会员、广大爱好者等构成行业内部自治体系建设的主体。目前，一些协会的内部治理结构还不完善，社会体系还不够发达，行业内部民主运行、自律、自治的运行机制亟待建设。因此，根据不同类型全国性单项体育协会的实际情况，逐步取消“中心+协会”的模式，去除协会的行政色彩和行政运行机制，打造行业内各主体间的平等、协商、合作、支持的伙伴关系和行业自我建设、自我发展、行业自律的运行机制，推动协会自治体系的建设和运动项目的不断发展。

（四）加强全国性体育社团的监督和制约机制建设

“十三五”时期，我国社会工作将深入贯彻落实党中央、国务院决策部署精神，积极适应经济发展新常态，把握社会治理新趋势，立足民生改善新需求，回应人民群众新期待，进一步加快社会工作发展步伐、拓宽社会工作服务范围、增强社会工作的惠及面与可及性，力争到2020年基本形成具有中国特色的社会工作服务体系，社会工作在各地区、各领域得到全面发展，社会工作服务基本覆盖到困难、特殊群体，社会工作在创新社会治理、加强社会建设、促进社会和谐中的基础性作用得到有效发挥。

1. 明晰行政业务主管单位（国家体育总局部门）对社会组织的监管责任，建立起制度化的综合性监管体系

组建全新公共服务机制的过程也就是从单一防范的管理方式慢慢地转化为发展和监管并存的模式，进而在培养和服务当中达到对社会组织的管控目的的过程。目前，必须将政府主管部门的管理中心进行转移，把监管中心由提前审批等级转变成过程中和过程后的监督上面去。明晰并建立起规范化和制度化的各个行政职能部门，增加对体育社团监督的渠道、内容和程序，并

且在政府和组织间设立包含购入、请求、评价、肯定、追责等不同环节的合作体系，给社团组织的进一步发展带来了政策制度上的帮助。

2. 规范全国性单项体育协会的公共管理权力

行业组织一定会具备相应的权力，因为它们属于行业公共事务的管理机构，所以《行政法》通过法律法规的方式，保障或给予行业组织拥有相应的公共管理权利。《行政法》在明确和给予行业组织具备公共职能时，也制订了行业组织使用这些职能时应该遵从的原则和规定。

作为全国性的行业代表性组织，单项体育协会必然承担一定的公共管理权力。公共管理权力具有一定的强制性，可能侵害社会和个人利益，需要重视对协会公共管理权力的规范、监督和制约。因此，对全国单项体育协会组织的公共管理职能和权力应进行明确的规定，对协会运用公共管理权力所应遵循的程序、公共管理权力的不作为和不恰当运用的外部法律救济办法等都应该进行规定，从而保证行业管理的规范化，减少管理中的随意性，促进体育项目的稳定和有序发展。

3. 加强全国性单项体育协会社会监督

社会组织的诞生来源于公民的自由结社，它是在非营利性原则的前提下进行活动的运行和治理，同时投身在相应的社会事务当中、具备很强的公共属性的社会力量，同时也广泛吸纳来源于社会的公益资源和社会共同体。社会组织具备公共属性，它的内部管理体制必须公开化，使内部员工可以对其进行监督，政府相关部门和单位以及行业协会也会对其进行指引和监控，社会群众也会对其进行共同监督。通常情况下，社会组织利用会员和志愿者的体制，建立广泛开放的公众化的参与体系，并利用信息开放、财务公开的体系，接受社会各界的严格监督。

目前，对于全国性体育社团来讲，建立完善的理事会（委员会）、监事会、会员（代表）大会等内部治理结构以及行业自治体系是较为直接的行业内部的监督制约渠道。另外，需要不断建立和完善社团的信息公开制度以规范其信息公开的渠道、内容和方式，搭建面向公众的信息服务平台，完善社会公众投诉举报和外部法律救济机制，畅通新闻媒体、社会公众和会员的监督。

（五）加强政策和环境支持，为全国性体育社团的建设和发展提供保障

1. 提高现代体育事业治理模式转型发展的共识

共识是转型发展的基础。国家以及政府需要全面了解公民社会和在公民社会中的社会组织对于公共物品的供给，完善行政和社会之间联系，投入到政策设立中去以展现公民的需求、维护弱势群体的权益、推动民主化

进程等方面的积极影响，并把公民社会和社会组织看成政府相关的合作伙伴，将其归为体制当中的一股构建力量，加深社会的多元化和合作化治理程度。从我国社会治理现代化角度来讲，具备一个由传统的自上而下的国家权力统治向现代社会治理（多元主体共治）的转型过程。传统政府的既定地位决定了政府在这一过程中应发挥更加积极的引导作用，而不是被非政府组织等社会力量推着走，更不应发挥阻碍功能。

转移政府公共作用的主要目标就是不停地扩大社会组织投入社会管理的范围。这就要求政府不但要从社会管理的区域让出一步，还要将社会管理的权利交给社会组织，并且，政府要和社会组织形成一种协调的对话沟通体系，和社会组织形成良性的互助关系，以便将社会管理区域里的重要资源进行优化和改善，让社会管理制度可以更好地进展和维持下去。

2. 不断加强和完善社会组织建设和发展的保障机制，促进社会组织可持续发展

（1）建立并完善政府购买全国性体育社团服务的制度。政府转移社会公共事务，应当保持事务转移与权力、资源转移的对应性。政府在剥离一部分公共事务的过程中，要将支持这些公共事务所需要的公共权力和相应的资源也同时转移给社会组织，从而避免政府只转移职能和责任，不转移公共权力和资源，使得社会组织无力承担这些职能和相应责任，降低服务质量，导致更多的社会矛盾和问题出现。

近年来，政府开始实施向社会组织购买服务的政策并逐渐加大了力度，这使得社会组织过去的资源困境有所缓和。但目前各地的政府向社会组织购买服务还没有成为一项稳定的制度。许多地方政府向社会组织购买服务的财政支出还没有完全纳入常规性的财政预算，因此难以保证每年都有稳定的经费。这种不稳定的政府购买服务的方式很难对社会组织专业化发展和服务能力提升提供重要的帮助。在对政府购买服务的财政资金及购买服务内容没有长期稳定预期的情况下，社会组织往往难以投入前期资源去加强自身建设。

因此，急需加强政府购买全国性体育社团服务的制度建设，明确政府购买服务的内容，将购买服务的资金纳入常规财政预算，在向社团购买各项公共服务的同时，注重加强社团组织可持续的基础能力建设。规范政府购买服务有关各方的权利义务关系，防止因政府购买服务而使社会组织形成对政府机构新的依附关系，进而导致其自主性和创新性的降低。另外，通过制度建设规范政府购买服务的过程，包括项目设计、招投标、项目运行及评估等环节，使政府购买服务能够真正做到公正公开。对于全国性体育社团，购买其公共服务时，还需要考虑不同项目平衡或协调发展的因

素，建立起各类协会平衡或协调发展的机制和制度。

（2）加强全国性体育社团的社会支持体系的建设。社会组织从本质上来说是属于社会的，社会性是其首要特征，它服务于社会，同样也需要得到社会各界的支持。社会组织的支持系统是国家关于社会组织培育发展、扶持推动、优惠补贴等各种支持性政策和制度的总和，包括社会组织的培育发展制度、优先参与购买服务等扶持推动制度、优惠税收制度等。现代社会组织支持体制实质上体现的是国家与社会关系的另一个基本侧面，是行使公权力并动用公共资源培育社会力量、加强社会建设、推动社会组织健康发展的一种国家制度。

社会组织的社会支持体系是一个完整地包含政府、企业、社会组织、社会大众、传播媒介之间跨界合作的体系。这些社会力量与社会组织之间形成各种关系，例如公民的志愿服务、企业和大型基金会的捐助与资助、社会力量创办的社会组织培育孵化平台等。

要依据国家相关政策法规，针对不同协会所面临的问题和侧重点，建立起精准扶持和保障机制。加大对全国性体育社团培育、技能构建和自理系统构建的帮助和指引。探究建立全国性体育社团的专项扶持基金、培育、培训基地以及常规化培训等工作机制，积极探索全国性体育社团的志愿服务、社会捐赠、优先购买服务等支持体系。

3.完善体育法、全国性体育社团管理办法等相关法规制度

目前，我国社会组织的相关法律法规还亟待健全完善。从社会团体法人层面看，《社会团体登记管理条例》仅就社会团体的登记程序与条件大致做出规定，而对于社会团体内部事务的详细运行管理不具备清晰明了的指导。伴随经济社会的不断进步，社会组织的类别和层次将越来越丰富且复杂，有必要设置一个拥有全部社会组织类型的整体的基础制度，进而便于准确地了解社会组织基础的组织规范。当前我国相关行业协会的法律制度还不完善，没有整体性、高级别的行业协会的指导，无法形成一套系统且完善的行业协会法律制度。

随着我国社会组织法规政策环境建设不断加强，修改《中华人民共和国体育法》，重新制订《全国性体育社会团体管理暂行办法》都已经提到议事日程。在相关法律法规中需要进一步明确体育社团的性质、宗旨、地位、权利、义务、组织规范等基本规则。

不容置疑，西方的管理意识具备同一个基础，即成熟的公民社会、有效的民主制度、健全的法制和完善的市场机制，而这些多元化共同治理的主体不单单属于伙伴关系，还拥有平等、沟通和协作的关系。我国的多元共治形成于经济体制转化、产业结构整改和治理结构改变的环境下，

和政治、经济以及社会发展的要求相匹配，和政府整改以及功能转化一起进步。目前，我国多元共治形成的土壤和过程明显与西方国家还有很大差距，所以我们不能简单地移植西方模式，应该找到适合我国发展的多元共治模式。

第三节 体育社会组织发展中存在的问题

一、数量少、结构有待优化

近年来，我国体育社会组织尽管保持较快增长，但是相对于日益增长的体育需求而言，我国体育社会组织规模还不够大，结构有待优化，总体还处于发展的初级阶段。

（一）法人登记的体育社会组织数量不多

根据民政部和中国社会组织网公布的相关数据，2017年我国社会组织已达80.3万个，较2016年的70.2万个增加了10.1万个，是历年来增长数量最多的一年。2017年增速较2016年增长14.3%，增速创下了近10年的新高。2017年社会组织数量和增长速度双双创下最近数年来新高，标志着我国社会组织取得了发展新突破。

调查显示，从社会组织三大类型来看，2017年中国全国社会团体增加1.6万个，增长率为4.7%；2017年民办非企业（社会服务机构）比上年增加3.6万个，增长率为10%；2017年基金会数量增加764个，增长13.7%，基金会同比增速为近十年来最低，但仍然是增速最高的社会组织类型。

据中国社会组织网最新数据显示，截至2018年第一季度末，我国共有社会组织808479家，其中社会团体376236家，民办非企业单位425850家，基金会6393家。截至2018年4月，我国各省平均社会组织数量达26050家；与2017年年末相比2018年我国新增社会组织数量7257家，省均227家；与2017年相比，2018年我国社会组织数量增长率达0.92%。相比于基金会来说，体育社会组织的数量虽然每年都在增长，但占全部社会组织的比例在下降，这说明我国正式登记的体育社会组织增速满于其他其它类别的社会组织。

（二）体育社团组织结构不合理

针对体育社会组织的类型结构，民政部副部长在2013年在全国政协召开的“构建多元化的全民健身服务体系—发挥体育社会组织的作用协商座谈会”发言中指出：“体育社会组织进展不均等。通过国家社会组织的整体现状来看，社会团体和民办非企业单位两者在数量上是平衡的。但从体育类社会组织整体情况看，社团的数量几乎是民办非企业单位的一倍，而基金会全国只有41个，相对不平衡。”根据2012年的数据结构类型构成进行分析，2012年全国共有社会组织49.9万个，其中社会团体2.1万个，占比为54.3%；民办非企业单位22.5万个，占比为45.1%；基金会3029个，占比为0.6%，社会团体与民办非企业单位占比相差9.2%。2012年全国共有体育类社会组织23590个，其中体育类社会团体15059个，占63.8%；体育类民非单位8490个，占36.0%；体育类基金会41个，占0.2%，体育类社会团体与体育类民办非企业单位的占比相差27.8%，而且社团中以互益类的体育社团居多，公益类体育类民办非企业单位数量偏少。

（三）城乡之间、区域之间存在明显差异

体育社团组织在大城市聚集，中小城市和农村地区体育社会组织数量不多，东部地区相对好于西部地区，大中城市好于县城及农村地区。西部地区部分偏远县（区）正式登记的体育社会组织数量有限，有的县正式登记的仅有几个，部分县（区）没有体育总会。

二、体育社会组织活力有待增强

体育社会组织发挥作用须具备充分的活力，活力不够是影响当前体育社会组织发挥作用的主要因素之一。党的十八届三中全会提出“调动社会组织动力”的关键就是合理解决政府和社会之间的矛盾，利用快速拆分政社机构的形式，让社会组织的职责更加清晰明了，更加具有依法管理的能力，可以让社会组织的作用更好地展现出来。体育社会组织的活力和作用是在实现其组织使命中表现出的状态和能力。现代社会组织体制核心内容就是依法自治，即自身要具备维持组织生存与发展的能力，政社分开、权责明确则是实现依法自治必须具备的条件。目前，我国相当数量的体育社会组织尤其是体育社团与行政机关有着千丝万缕的联系，两者基本上是一种依附关系或者从属关系，普遍缺乏活力，有很强的依赖性。2013年，民政部民间组织管理局负责人在全国群众体育工作会议的报告中，根据一项调研对体育社会组织的活力做了评价。在这项对1789个全国性社团的调查中有两项与组织能力有关的指标，即活跃度和公共服务能力调查结果显示：体育社团的活跃度低，在活跃度指数排名中体育类社会团体居倒数第2位；在公共服务能力指数，体育社会团体的服务能力居倒数第1位，与排列第位的工商服务类社团具有很大的差距。造成体育社会组织活力不够的主要原因有以下几点。

（一）政社不分、权责不清

体育社会组织作为法人，是具有独立法律地位、能够独立承担民事责任的民事主体。体育社会组织与行政机关在法律上都具有独立的人格，地位平等，互不存在隶属关系，两主体间有较为充分的意志自由，没有管理与被管理、领导和被领导的关系。然而，长期以来，体育部门与体育社会组织打交道往往是以行政管理者身份出现，体育部门更多的是发出行政指令，而非平等协商，从而使两者的关系变为管理上的主动和被动的关系。不同级别的隶属关系，也可以是雇佣关系，所有的关系都是有地位差异的，无法设立相互信任和合作的关系。纵观国际体育非营利组织发达的国家，一般来说，政府都比较重视处理好与社会组织的关系，以便联手促进体育发展。例如，意大利政府提出："非营利体育组织应与地方政府建立建设性的合作伙伴关系。"

（二）职责不清

多年来我国体育事业发展的主体较为单一，体育部门包打天下，既是公共体育的"提供者"，也是公共体育的"生产者"，体育社会组织被赋予"助手"的角色，处于从属地位，而不是并列的主体地位。体育社会组织的职责被政府部门代替，更多的是作为补充或象征意义，无事可做，也做不了事，所以其能力较弱。从发达国家政府功能改革的规律看来，随着经济社会发展水平的增强，政府功能通常都由经济性服务慢慢过渡到社会性公共服务，社会性公共服务归属于政府公共服务的范畴，它会对公共服务进行供给的主体，逐步突破由政府掌控的单一中心的制度，慢慢转变为"多中心"的公共产品和服务的提供系统。打破公共体育服务单一主体的格局，构建完善的多元化公共体育服务体系，必须承认和重视体育社会组织在体育管理中的重要位置和关键作用。不但要清楚地知道体育社会组织属于公共体育服务机制的组成主体，还要明确体育社会组织在推进体育治理体系和治理能力现代化中的主体地位，目前我国在这方面做得还不够。

（三）社会组织"一业一会"的垄断格局尚未打破

《社会团体登记管理条例》第三章第十三条指明，相同的行政领域里已经存在与业务领域一样或类似的社会团体，对于不必设立的登记管理部门来说，不给予批准筹备。这一规定的内容就是一个地方只能有一个一种业务的社会团体，不允许成立相同业务的社团。尽管国家已在政策层面明确要打破"一业一会"的格局，但相关法规条款仍未改变，所以许多地方的登记管理机关仍然按照现行有效的法规进行登记管理。而垄断化恰恰是造成目前体育社会组织普遍活力不够的主要原因之一。例如，广东目前已突破“一业一会”的限制，允许“一业多会”。实践证明，“一业多会”激发了社会力量参与体育事业发展的热情和积极性，同时也极大地激发了社会组织的活力。

三、法人治理结构不完善

我国法人类社会组织包括社会团体、民办非企业单位和基金会。建立体育社会组织自律自治、社会监督、政府监管相结合的法人治理机制，明确其法人治理结构和治理规则，完善法人治理制度，对于快速设立现代社会组织体系，推动体育社会组织健康发展来说，意义重大。根据设立当代社会组织的标准，设置和改善产权明了、职责清晰、运行平衡、管理合理的法人管理体系是提升社会组织自控能力，调动社会组织动力，扩大社会组织在社会管理中的重要作用的必然要求。目前体育社会组普遍未建立完善的法人治理结构，主要表现在以下几个方面。

（一）普遍未建立有效的内部权力制衡机制

目前体育社会组织法人治理决策机构、执行机构、监督机构结构不健全，尚未建立规范的内部运行规则和法人内部治理制度，相当数量的体育社会组织与形成权责明确、制衡有效、协同配合、运转协调的机制还有相当距离。相当数量的体育社团内部治理不规范，带有“机关痕迹”，有的在召开理事会、会员代表大会或对重大问题进行表决时，看似履行了民主程序，实际上在履行程序的细节上有很多不规范的地方。

（二）政社分开还需做出极大努力

权责不明确，边界不清晰，与行政机关合署办公和财务代管现象仍然存在。一些体育部门对体育社会组织仍然干预过多，体育部门用行政指令对体育社会组织实施管理，两者间形式上是平等合作关系，实质是从属关系或依附关系。与改革开放之初的国企相似，缺乏独立性致使体育社会组织普遍缺乏活力。目前仍有相当数量的体育社会组织行政化色彩深厚，仍是“官办、官管、官运作”，形成了体育部门之间、体育部门与协会之间、协会与协会之间的权力转圈。

（三）存在内部少数人员控制与民主自治缺失的问题

按照法人治理结构，会员（代表）大会是社会团体的最高权力机构，其基本责权是制订和修改章程，采用无记名投票的方式，通过章程和选举产生理事会，表决通过重大决议事项。然而，目前相当数量的体育社会团体的权力机构——会员大会或会员代表大会基本上是形同虚设，没有发挥作用，存在着内部少数人员或社团负责人漠视章程、独断专行的现象，社团依据章程规范运作的要求没有得到应有的尊重和执行，阻碍了体育社团的正常发展。

（四）法人治理体系不健全

社会组织的法人治理体系是由治理规则、治理机构和治理机制组成的。现阶段，大部分体育社会组织都没有建立完善的法人治理体系，一些体育社会组织的治理机制不健全，不能履行会员代表大会职责，选举走过场，相当数量的体育社团运作不规范；一部分体育社会组织治理规则不完善，不重视章程制度，存在弱化理事会和会员大会的现象；许多体育社会组织不重视治理机构建设，基本上就是一个空架子，不会竞争生存，也无力承接政府职能转移和发挥政府的参谋助手作用，自身缺乏提升工作水平的内在动力和发展能力。自主发展、自我管理的能力不强。

四、普遍不具有承接政府服务购买的能力

具有独立承担民事责任的能力，是现行所有政府采购或政府购买服务法规文件规定的必备条件。如《中华人民共和国政府采购法》第二十二条规定，供应商进行政府采购行为首先要遵循的第一个原则就是：拥有独立肩负民事职责的功能。2013年9月，国务院办公厅印发的《关于政府向社会力量购买服务的指导意见》中明确规定："承接政府购买服务的主体应具有独立承担民事责任的能力。"2014年财政部、民政部印发《关于支持和规范社会组织承接政府购买服务的通知》，2015年1月财政部、民政部、工商总局印发《政府购买服务管理办法（暂行）》，2015年3月国务院印发《中华人民共和国政府采购法实施条例》等文件办法都明确规定参加政府购买服务的主体必须具有独立承担民事责任的能力。

财政部于2018年6月26日公布了《政府购买服务管理办法（征求意见稿）》（以下称《征求意见稿》），《征求意见稿》很大程度上保留了《政府购买服务管理办法（暂行）》（以下称《现行管理办法》）的内容，但也有许多补充和完善之处。其主要是对政府购买服务的承接主体、预算管理等内容进行了细化规定，包括明确购买主体、承接主体及购买内容的范围，列举购买内容的负面清单等。

所谓民事责任，也可以称为民事法律责任，指的是民事法律当中的责任主体不遵守法律法规，也不遵守合同规定的民事责任，侵犯民事权利主体的民事权利而形成的一种法律结果。自主肩负起民事责任义务属于社会组织必须拥有的基础条件。假如体育社会组织要投入到政府购买服务的活动里，首先必须具有能够独立承担民事责任的能力，而要独立承担民事责

任必须拥有属于自己的财产。就这一点来看，我国90%以上的法人类体育社会组织都难以做到。因为它们既没有属于自己的财产又缺少自己经营管理的财产，因此也就不具有独立承担民事责任的能力。由此可以判定，目前我国90%以上的体育社会组织不具有承接政府服务购买的资格，这种情况可能会对加快政府职能转变和推广服务购买产生一定的影响。当前迫切需要国家出台鼓励社会组织扩大积累和提升自身技能的方针计划，可以推进社会组织健康和可持续发展。

五、政社分开工作有待深化

社会组织属于政府功能转变的承接者。社会组织和政府不一样，没有政府的相关功能，但是能够填补政府的职能空白。通过社会组织的力量，将政府不能起到的作用进行填补，对于将政府的直接性转化为间接性非常有利。对于间接政府的产生来说，可以将大量社会成员的主动性和创新性完整的展现出来，可以帮助政府齐心合力做好自身的本分工作，两者彼此间的关系即是取长补短，又是有效合作。目前存在的主要问题有以下几个。

（一）各自的职责不明确

转移职能首先要职责归位，明确体育部门和体育社会组织各自的责任范围，制订转移职责的目录、购买服务的目的和有承接资质的社会组织的目录，而各地对这方面的工作基本上都没有开展。

（二）不愿意放权

从总体上看，体育部门直接配备资源的范围仍然过大，公共体育服务供给仍然不足，“费随事转”是职能转移的关键所在，其中必然涉及利益问题，体育社会组织需求资金，体育部门理应就该投入资金，但一涉及具体实践，就明显存在抵触，不愿意开放相关领域。在对体育社会组织的访谈中，许多体育社会组织负责人希望体育部门加快职能转移和观念转变，希望“加快转移有关职能”“切实转变观念和工作方式”“充分发挥体育社会组织参与全民健身治理的作用”“真正发挥体育社会组织‘桥梁、纽带’”作用等。

（三）职能转移欠规范

一些体育社会组织（主要是官办社团）人员提出应当规范体育部门对体育社会组织的服务标准。第一，要求体育组织快速改善对体育社会组织进行购买体制；第二，要求体育机构和体育社会组织的合作要规范，克服随意性和临时性。

（四）还未普遍推广政府购买体育服务

目前，我国的体育社会机构还在持续发展，其公共体育服务采购的能力普遍有待提高。我国体育社会组织购买公共体育服务还处于点上有探索、面上无推广、实践有操作、制度缺乏保障的渐进式的试点探索阶段，缺乏成熟的经验，与构建完善的公共体育服务体系需要相比，购买公共体育服务的机制还不完善，主要体现在以下方面。

（1）规范性不够。当前相当一部分公共体育服务的采购是利用体育机构和体育社会组织直接沟通和代理实行的，真正通过公开招标挑选承接公共体育服务的社会组织尚属少数，因此常常产生“事办了，钱没到位”的问题。

（2）经费缺乏。目前购买公共体育服务的资金主要来自体育部门的工作经费，也有一部分属于专项拨款，具有应急性特点，数额有限，缺乏可持续性。

（3）购买公共体育服务的监督与评估机制还不完善，价格评估缺少标准、随意性大，事后对服务水平与质量的评估也失于严谨，尚未建立起独立第三方的评估机制。

（4）一些体育部门对体育社会组织的地位和作用在认识上有偏差，政社不分、管办不分，热衷于自己搞活动、办比赛，体育社会组织发挥作用的空间不足，在公共体育服务供给中缺乏行动能力。

六、能力建设工作亟待加强

民政部民间组织管理局负责人在第四届社会组织创新与发展论坛上发言指出：“在社会组织进展遇到的阻碍和难题当中，目前最紧迫的就是社会组织的能力组建难题。”这位负责人认为社会组织的能力主要体现在专业服务、自我约束、社会疏导和创新发展四个方面。他用“压力大、风险大、挑战大”来概括社会组织能力的组建问题，强调目前形势仍存消极状况，增强社会组织技能不容怠慢。2013年9月，民政部副部长在全国政协召开构建多元化的全民健身服务体系——发挥体育社会组织的作用协商座谈会”的发言中指出：能力构建依然属于体育社会组织发展的瓶颈，大量体育社会组织的规模不大，很多组织缺少专业员工、内部管理不规范、民主管理没有切实践行、仰仗政府变成理所当然、独立服务水平微薄、作用展现不够，尤其是在资金组建方面，社会组织急需处理共性难题，不但需要加强自身的恢复能力，还要求政府采购服务、彩票基金偏差、税收减少和免除等扶持方针的改善。当前造成大多数体育社会组织无行动能力，作用难以发挥的主要原因是政社不分，无经费、无场所、无人的问题普遍存在，法人治理结构不完善，这些问题都影响和制约着体育社会组织能力建设。

（一）部分体育社会组织难以发挥作用

一些体育社会组织业务能力较低，自治能力不足，自身缺乏提升工作水平的内在动力和发展能力，难以承担起政府和社会所期望的责任。大部分体育社会组织自治能力不足，发挥作用还不明显，难以独立生存和承担起政府与社会所期望的责任，部分官办协会，包括部分体育总会和分会，以及团体和协会形成的定位有异、影响较小、能力不强、管理分散等问题，依附体育部门生存，不会竞争性生存，也无力承接政府职能转移和发挥政府的参谋助手作用，自身缺乏提升工作水平的内在动力和发展能力，很少开展活动或没有开展活动的能力。

（二）大部分体育社会组织被经费缺乏所困扰

一方面，现行财政政策没有向社会组织拨款的制度安排，社会捐赠氛围不浓，服务收费有诸多限制，税收优惠待遇实不到位。许多体育社会组织经费主要依靠拉赞助，收取会费，甚至会员自掏腰包解决。另一方面，相当数量的体育社会组织不具备参加政府购买服务的资格。

（三）人员专业化、职业化程度低

人是发展的第一要素。专业服务能力与体育社会组织人员专业化、职业化有较大关系。目前专业化、职业化程度普遍不高，主要体现在以下几个方面：①相当数量由体育部门发起成立的体育社会组织人员大都是从机关分流过来或退休人员，不具备从事社会组织运与管理的知识和能力，缺乏工作的主动性和创新性，“等”“靠”“要”的依赖思想严重，能力有限。②人员结构不够合理，年龄老化情况突出，很多接近退休年龄，而且女性偏多，更谈不上年轻化、知识化、专业化。③专职人员数量少。一项对170个体育社团的调查结果显示，其中有81个体育社团没有专职人员，占47.65%；有1～3名专职人员人的为52个，占30.59%；有4～6人名专职人员的为19个，占11.18%；有6～10名职人员的为12个，占7.06%；有10名以上专职人员的为6个，占3.53%。④待遇低，导致社会组织人员流动性大，不稳定。《社会团体登记管理条例》第二十九条规定：“社会团体专业成员的工资和福利待遇根据事业单位的相关原则来实行”。但这条规定未执行，原因是机构编制管理机关只认可参加中国人民政治协商会议的团体和由机构编制管理机关核定的、经国务院批准免于登记的团体，这部分社会组织全国共计只有33个，体育社会组织不在其中。因此，一方面体育社会组织人员的工资水平非常低下，福利待遇没有参照标准，医疗、养老和福利等均缺少切实的原则，缺少和国家机关及事业单位相仿的社会福利待遇，对于主动性和创新性来说具有一定的影响，对于体育社会组织对人才的吸收来说，也会形成很大的作用，缺少有经验、具有专业水平的组织成员。另外，社会组织不具备整体正规的员工聘用、选取、鼓励、培训、加强等办法规定，因此难以吸引和留住优秀人才。

第四节　发挥体育社会组织作用的政策建议

一、正确处理政府与社会的关系

在我国，随着社会政治变革的不断推进，各种社会组织的迅速发展已是有目共睹的事实，这既促进了许多社会问题的解决，但也给原有的社会治理秩序提出了挑战，由于法律制度和管理手段的相对滞后以及对社会组织的定位不够明确，我们在理论上和实践中仍然缺乏有效应对这一发展态势的方略，某种意义上面临着“社会组织是洪水猛兽？还是建设性力量？”的两难研判和抉择，因此加强这方面的理论研究和对策探索具有紧迫性和现实针对性。通过研究，我们试图在理论上对社会组织在国家社会政治生活中的定位进行准确确定，并据此提出构建社会组织与政府合作关系的具体模式和机制，从而为有效应对社会组织迅速发展态势、促进社会和谐稳定提供一些思路和建议。

我们认为，面对社会利益多元格局逐步凸显、公民需求日益分化的新形势，社会组织与政府应该在法治的框架下建立稳定的政治互信和良性合作关系，以有效弥补市场失灵和政府失灵现象带来的治理缺失，努力实现合作善治，提高社会整合水平，满足公民的多元化、个性化需求。

（1）“治理格局”问题。举凡扶贫、养老、助学、救灾，以及环境保护、城市治理等领域，都应建立政府与社会组织的工作关系。为此，需要有大量的社会组织存在为前提，需要政府部门去发现或者培育社会组织。

说到底，积极而活跃的社会组织应被看作是一种标准。假如一个特定的领域中，社会组织的数量与质量都不行，那么这个领域很难形成“善治格局”。不承认这一点，可能会回到一切由政府大包大揽的老路上。然而老路是不能走的，其弊病已经非常明显。

进一步说，所谓“政府与社会的关系”，应理解为“政府与社会组织的关系”。如果没有家庭、社区邻里聚落、各种民间团体、非营利组织，乃至老乡会等，社会在哪里呢？政府是有形的机构，社会却是无形的抽象集合。

有形对无形，不可能有真实的关系，有也只能是政府单方面规定或者单方面想象出来的关系。所以社会必须“有形化”，也就是必须组织化。

（2）“治理能力”问题。具体地说，是社会组织的能力问题。更具体地说，是社会组织能否在非市场、非政府的方向上形成有效的实践模式，并有能力做政策倡导和社会倡导。

在这个方面，艾滋病防治领域，本身是一个典范。国际组织、全球性的非政府组织以及许多国家的社会组织共同合作，至少有三项创新：一是发展出各种形式，例如握手、拥抱、共同进餐等，对艾滋病患者表达关爱，抗衡并纠正各种社会歧视与恐惧心理；二是贴近病患群体和高危群体，提供教育与干预；三是通过联合倡导行动，敦促各国政府、科学家、医生以及制药厂家，通过政策法规修正，或通过公益慈善行动，克服专利障碍，以低价或免费方式，给病人提供最新药品。

由此而来的启发是，如果社会组织在资源开掘、服务方式以及政策倡导方面有积极创新，它将能够推动政府与企业，互相合作，各展所长，达至善治。社会组织为什么可以做到这一点？因为在长期的贴近式服务中，他们拥有信息，拥有特殊知识，拥有传播渠道，从而拥有合法性、代表性、工作智慧以及道德良心，可以最好地为被服务群体发声说话。艾滋病防治领域是如此，其他领域也同样如此。这既需要大环境的宽松，也需要社会组织本身真正面向被服务人群，自下而上地形成知识与能力。

（3）“治理杠杆”问题，它是政府特别需要解决的问题。也就是说，怎样使用各种政策杠杆，例如税收杠杆，以激励社会组织的发展能力。李克强在座谈中提到的免税问题，正是社会组织呼声最强烈的问题之一。目前存在的社会组织，大致上分为两类：一类是有政府背景的；一类是没有政府背景的。前一类组织资源相对充裕，同时容易获得免税资格。后一类组织，特别是一些草根组织，资源获取渠道比较狭窄，但在免税资格认定方面，反而要面对更多程序障碍和程序不友好。这是一种不公平。

说到底，这仍然是一个“政府与社会组织的关系问题”。怎样建构和发展这种关系？政府缺乏传统、缺乏经验，很多时候也缺乏意愿。为了尽快改变这种局面，政府应该转换思维。首先，不应过分强调现有的制度障碍，相反，应该强调，任务是撑杆跳，必须要有好杠杆。通过免税手段激励社会组织发挥更大作用，促进治理，本身是政府的最大目标所在。其次，改变简单的管制思维，它只会养成部门惰性；相反，仔细探索杠杆的最佳支点，寻求正向激励模式，最终会提高政府的管理智商，会出现创新，并会赢得人心。

（一）转变观念、明确重点

党的十八届三中全会提出创新社会管理机制，转变以往的由上往下进行管理控制的思想意识，从单一的行政管理方式，变化成和社会一同管理的方式。这就要求体育机构和社会组织形成相互获利相互帮助的合作关系，多元内涵，不仅要打破体育部门单一公共体育服务供给的主体，还要打破体育部门单一治理主体的格局，由主张从上往下的阶层管理转变为主张缩减管理阶层、资源减少和扶持基层发展的管理局面，从单一的行政管理方式变为多种方式共存的管理模式，围绕着社会协作和全民投入的原则，建立由上往下和由下往上互相结合的体育管理机制。当前作为体育部门要认识到“公共体育产品唯一供给者”的地位既不可能也无必要，应当积极转变观念，理性认识向体育社会组织放权这一举措，与体育社会组织共同治理，能从根本上改变体育部门管理体育的理念和方式，有利于职能的转变，推进政事、政社分开，建设服务型政府。同时应认可社会组织属于政府能力改变的主要承载体，可以肩负起体育部门承担公共体育事务的责任。接受体育社会组织处在体育管理中的重要主体地位，明确处理好与社会组织关系是其核心所在。政社分开和推进体育部门职能转变是处理好其与社会组织关系的重要环节。

（二）建立体育部门与体育社会组织的协商机制

体育部门正确处理与社会组织的关系，必须摒弃原有的从属关系和隶属关系，准确理解由管理向治理改变的本质，寻找设立和体育社会组织相互沟通的体系，了解治理不受限制的弊端，掌握利用协商来转变以往的从上往下进行管控的管理意识，放弃单一的行政管理方式，采用政府和社会组织一起管理的方式进行管理。在实践过程中，由于政府与社会组织从管理地位有别的主体变为地位平等的主体，在处理问题时需要的更多的是沟通，不是强迫。因此，建立协商机制的作用就是清楚地了解了体育部门和体育社会组织的不同功能，构建彼此信任，彼此扶持的合作关系。

（三）实现政社分开

体育部门应该按照社会的发展形势，切实做到政府和社会相分离，让体育社会组织具备自己的社会地位，从体制上彻底拆开体育社会组织和体育机构的行政依赖关联。让体育部门真正实现民间性和非营利性，缺少独立的社会组织，就不会形成有效的合作关系。在法治框架下规定和调整双方关系与行为，这是保持关系长期稳定的基础。现行的对社会组织的管理法规都属于行政立法或部门规章，不是国家法律，其权威性不足，同时这些法规多属于程序法而非实体法，对有关社会组织的内部机构、财产关系等问题也很少规定。为此，需要加大相关立法工作力度，依法明确和确立两者间的关系。

二、深化体育社会组织改革

促进国家管理机制和管理水平现代化属于中国特色社会主义的主要理论改革。怎样正确掌握政府对社会组织的一整套的新意识、新断定、新标准，切实联系体育社会组织的实际进展，通过国家管理观念谋划体育社会组织改革发展，是未来体育事业改革发展重大的迫切需要解决的问题。体育部门应积极贯彻落实党中央关于社会管理的方案举措和国家有关学习进展和正规治理社会组织的理念，加深体育社会组织机制的变化程度，加快体育社会组织建设法治化和规范化，快速建立政社分离、职责清晰、依法管理的当代社会组织机制，提升体育社会组织的自治功能，激发体育社组织活力，提升体育社会组织在体育治理中的主体地位。

（一）做好体育社会组织改革发展的顶层设计

这是确立体育社会组织在推进体育治理体系和治理能力现代化进程中重要的基础工作。国家已做了许多工作，如政府部门对于社会组织管理机制的改革，行业协会商会和行政机关脱离关联，改善社会组织进展条件、加强社会组织监管能力、发展社会组织人才队伍等众多政策建议。整治党政人员在社会组织中的职责，对社会组织的税收进行减少和免除，对管理机关功能进行登记和调整，对重要社会组织直接进行登记等系列规章制度也在快速研究和设置。

（二）统筹解决体育社会组织改革发展中的主要问题

加深对体育社会组织的改革力度，快速建立现代社会组织体系，主要应该对如下几个问题进行解决。

（1）清楚体育社会组织的位置。以体育社会组织为中心，进行体育事业的管制，准确落实在全民健身国家战略的新态势、新标准之下，快速推动体育社会组织改革发展的前进步伐。掌握促进体育社会组织进行转变和发展的指导思想、基本原则和总体目标。

（2）探索新形势下的监督管理方式。在放开和管控的标准之下，对登记管理机关进行了解，对行业管理部门的监管责任有所了解以后，构建并改善信息平台，完成第三方评估，扩展社会监督途径。

（3）将发展环境进行改善。在将体育社会组织作用全面发挥出来的前提下，竭尽全力处理认知差异、财力不足、能源短缺的难题。

（4）深化社会组织登记制度改革。对体育会组织的培育发展不足、登记门槛过高，一直是制约体育社会组织发展的瓶颈。十八届三中全会明确提出："重点培育和优先发展行业协会商会类、科技类、公益慈善类、城乡社区服务类社会组织，成立时直接依法申请登记，不再需要业务主管单位审查同意。"此后，国家又加快修订出台《社会团体登记管理条例》《基金会管理条例》《民办非企业单位登记管理暂行条例》，并且将制订社会组织分类登记的标准和具体办法。体育社会组织涵盖四类社会组织，属于可直接登记类。根据民政部的资料显示，目前直接登记工作已在全国绝大部分省市开展，北京、天津、河北、内蒙古、上海、江苏、浙江、安徽、福建、山东、河南、海南、四川、云南、宁夏、厦门、大连、宁波等地以政府名义下发了直接登记的指导文件或具体办法。广东、上海对已经成立的社会组织同步推进直接登记管理，全国已直接登记社会组织3万多个。2013年以来，广东直接登记体育类社会组织已超过百家。2018年6月，民政部社会组织管理局登记处发布：《民政部办公厅关于在社会组织登记管理工作中加强名称管理有关问题的通知》，再次强调社会组织登记的工作要求及重要意义。

（5）引入市场机制，加快推进政社分开，深度探索一个行业多个协会的机制，设立退出体系。

（6）独自治理和管控。围绕自制能力的增强、法人治理机构的改善、诚信机制的设立等方面，对体育社会组织进行发展。

（三）探索营造公平竞争环境

服务购买按照公开竞标的形式，专项扶持资金使用竞争分配的形式；体育社会组织对于资金和服务的购买要通过绩效的方式进行管理，加入第三方评估的模式；完善财政资金扶持机制，把体育社会组织建设纳入公共体育服务范畴，从实际出发，坚持尽力而为、量力而行，切实加强城乡基层社区体育社会组织能力和服务机构设施建设，创新组织建设模式，形成多元共治格局。

三、优化体育社会组织发展环境

激发和释放体育社会组织活力，发挥其应有的作用，需要营造法制健全、政策完善、待遇公平的发展环境。

（一）完善政策环境

主动设立专业的扶持引导方针，加强分配指导力度。协助财政机构改善采购公共体育服务体制，根据《国务院办公厅关于政府向社会力量购买服务的指导意见》标准，从达标的体育社会组织当中采购服务，及时公布购买服务事项和相关信息，加强绩效管理；积极配合物价部门完善体育社会组织价格政策，落实有关税收制度。支持体育社会组织投入体育政策的制订中，计划、项目需求和发展数据统计等事务要充分发挥体育社会组织在项目发展方向设置、人才培育、第三方评价等层面的价值，改善对体育社会组织服务创新水平构建的支持体系。

（二）探索建立体育社会组织培育孵化制度

为积极推动民政事业实现科学发展，民政部国家发展改革委员会特制订《民政事业发展第十三个五年规划》。强调社会结构和思想观念的深刻变化，如公益慈善、基层自治、社区建设、社会组织、社会工作和志愿服务等，需要与家庭小型化、需求多元化、治理现代化的趋势相适应，让群众有更多参与权和获得感。

（三）重视制订实施扶持政策

各级体育部门应当积极探索利用本级体育彩票公益基金或推动财政资金建立体育社会组织公益项目创投基金和体育社会组织专项资金，让扶持力度得到大力加强。对体育社会组织的支持方式，并不局限于对公共服务的购买这一种。受到购买服务的体育社会组织必须具备很高的资质的限制，所以很多体育社会组织缺少购买能力和水平，因此需要设立一种对资金资助进行保障的体制。这种体制的主要目标并不是公共服务，而是让体育社会组织的自身水平得到进展。财政资金以及彩票公益基金必须平衡公共体育服务购买和资助彼此间的相互关联。需要关注探索和设立增强体育社会组织人才队伍设立的方针制度，积极协同相关部门改善体育社会组织人员待遇，协同相关部门落实公益性捐赠税前扣除和社会组织自身收入免税政策。各个体育机构必须主动发挥作用，积极促进并联合相关部门进行体育社会组织免资质、公益性捐助、税前免除资格认可，确保体育社会组织依法获取税收优惠服务；积极协同人事及社会保障部门建立体育社会组织工作人员劳动用工制度，完善实施人员流动聘用、户籍管理、档案管理、职称评定、福利保障、权益保障等具体政策措施。

四、积极推广公共体育服务购买

所谓购买公共服务，就是指政府对一些既定的公共服务目的，不利用自己的资金来运行，而是利用不同模式设立契约关联，通过社会和企业相关组织等主体来供给公共服务，政府提供资金。简单地说，也就是政府出资，社会提供服务，一起为了公共服务目的建立起来的机制，从本质上来讲，这种模式属于公共服务的契约化。

从表面上看，政府购买公共服务与政府采购都有“购买”“采购”字样，政府购买公共服务往往被人们认为是政府采购的一部分，属于政府采购的一种，而且两者的一方主体都有“政府”，都涉及巨额财政资金的使用，目前政府购买公共服务也要适用政府采购法的相关规则。但是，政府购买公共服务与政府采购在购买目的（为了满足广大公众及消费者的利益而不仅仅满足政府自身需求）、主体框架（广大公众与购买主体、承接主体一起构成了“三元主体”）、购买内容（重在购买公共服务而非货物、工程）、监督机制（财政部门的同体监督与公众、消费者的异体监督并存）等方面存在重大差异。正因为政府购买公共服务具有与一般政府采购不同的特质，因此，如何针对政府购买公共服务的特殊性，实现其制度化和法治化成为亟待解决的重大课题。体育部门需要充分认识到服务购买工作的重要性，把服务购买与机构改革、简政放权和职能转变联系起来，采取措施加以推进。

（一）建立健全公共体育服务购买制度

建立公共体育采购体制成为组建完善的公共体育服务机制和推动政府功能改变的重要措施的推动力量。各级体育部门应当依据《国务院关于政府向社会组织购买服务指导意见》及本地区政府相关文件精神，做好职能划界工作，明确职责范围。一方面，要实时调整政府购买公共服务的边界。政府购买服务范围应当根据政府职能性质确定，并与经济社会发展水平相适用。在经济不发达的时期或地区，政府购买的公共服务往往局限于社区服务、养老、助残、救孤等带有扶弱救困性质的领域，而随着我国市场经济的发展、国家财力的增长，政府购买公共服务内容也不断扩大和逐步深化——从主要关爱弱势群体的基本温饱型公共服务向主要满足整个人类发展需求的环境保护、交通通信、公用设施、文化体育服务、公共安全等领域，购买公共服务的内容不断扩展；从基础性边缘性的社会服务内容，向高层次的社会服务内容发展，在教育、医疗、社会治安、政策制订等方面政府购买服务内容的比重逐渐加大。因此，随着经济的发展，社会的进步，政府购买公共服务的服务或内容势必呈现出不断扩大的趋势，而且日益向精细化、专业性方向发展。为此，要根据经济社会发展的实际变化情况，不断调整政府购买公共服务的范围。

另一方面，要建立政府购买公共服务范围的动态调整机制。一是要根据实用性原则，从实际情况出发，从广大公众最基本、最紧迫的需求设计政府购买公共服务范围，坚持受益广泛、群众急需、服务专业的方针。 项目重点围绕城市流动人口、农村留守人员、困难群体和受灾群众的个性化、多样化社会服务需求，组织开展政府购买公共服务。二是要坚持城乡平等原则，着重通过政府购买公共服务的新模式解决农民的公共服务需求问题。出台的政府购买公共服务的发生地和使用地都在城市，如今农村在公共设施建设、基本公共服务、社会公益服务等方面与城市存在着巨大的鸿沟，现有的条件无法满足日益增长的广大农民对公共服务的基本需求，因此，今后要加大对农村基本公共服务、社区公共服务、社会管理服务以及技术服务等领域的政府购买服务的力度，最终实现城乡公共服务供给的均等化。三是要坚持创新原则，通过创新政府购买公共服务的领域和内容，不断满足社会各层次人群的高层次的公共服务需求。凡是政府应该提供的、人民群众急需的、适合市场化运作的，都要大胆地开展政府购买公共服务活动。要通过政府购买公共服务的供给模式，将部分公共服务的事项交给企业、市场、专业机构和社会组织进行生产，发挥它们多样性、灵活性、创新性的优点，为社会公众提供政府不愿、不便或不能提供的公共服务，使投资方式多元化、服务主体公众化、运营模式和服务内容更加多样化，不断提高公共服务供给质量，从而可以更好地满足社会各类群体对公共服务供给多元化、专业化的需求。而要实现这一目标，就必须不断调整政府购买公共服务的范围，建立与公众多样化需求相适应的动态调整机制。

（二）规范购买服务行为

各级体育部门配合财政部门研究制订本地区购买体育服务的具体措施和配套政策，指引和整改采购服务的行为，给体育社会组织投入采购公共体育服务带来了平等的条件，根据地方实际需要，拟订向体育社会组织采购明目，了解各个服务的详细目的、服务规定、领域、过程和费用。

（三）建立信用评价体系

积极协同民政部门开展体育社会组织等级评估，按照公平、平等、开放的标准，利用竞争手段选取连接体育部门采购服务的社会组织；设立监管体制，增强对购买服务项目的监管和效果评定；随时掌握采购服务项目的实行状况，让采购公共体育服务切实获取期望的社会效果。所以，应该带进第三方监督体制，将采购公共体育服务的绩效指标进行量化，组建科学合理的从体育社会组织采购公共体育服务的绩效评估制度，利用科学的手段、次序和需求给体育社会组织的服务质量、公众满意程度进行合理、正确的评估。设立信用评估机制，给体育社会组织投入招标竞争和消除服务功能带来了标准和规则。

（四）提高管理能力

提升体育部门工作人员的合同制订水平，加强公共体育服务购买的契约管理模式。体育机构的相关人员需要了解购买公共体育服务的需求，拥有谈判和合同拟定的技能，并且具备敏锐的观察力，可以找到合同的问题和不妥之处，保证合同的顺利完成，达到最后的行政目的。

五、明确培育发展重点

加强培育发展体育社会组织工作要有针对性，根据社会需求、改革发展以及体育社会组织自身建设需要，通过重点突破来增强体育社会组织的能力，提高服务水平，同时要根据发展阶段适时调整。根据目前体育社会组织实际情况，建议加强以下几个方面的培育发展工作。

（一）加强体育社会组织能力建设

能力建设属于促进社会组织进展的主要元素，并且也属于社会治理创新的必需因素，因此要加强体育社会组织的能力建设，发挥其在促进全民健身事业发展、参与公共体育治理、提高公共体育服务中的作用，使之成为推动体育事业发展的重要主体和力量。体育社会组织为达成目标所付出的努力，有几个基础并统一的经验：第一，和政府维持优良关系，体育社会组织的进展一定要和政府紧密关联，一定要获取政府的帮助。第二，提升体育社会组织的专业服务水平，在服务社会和会员的同时，获取自身的发展。社会组织的生命力主要展现在活动和服务水平层面，组织水平越强，效率越高，效果越好，影响力也更大，获取的公信程度也越来越高，取得的资源也越多。体育社会组织的运行和服务水平，通常通过服务类别、服务受益范围、活动类型、服务形式、肩负政府委托责任等层面进行考量。专业化以及团队的专业化服务水平属于能力构建的关键，所以要更加提升和增强体育社会组织的项目运行水平，强调项目的发展水平，对项目进行正规治理，提升资金使用效果，减少项目资本，建筑有竞争力的品牌类别，增强项目影响力度。第三，对自我约束水平进行提升、提升自我治理水平。体育社会组织本身的组织管治属于能力构建的主要标准，同时也是加快组织进展速度的主要保障。

（二）培育基层社区未登记体育社会组织

重点培育发展城乡基层社区未登记体育社会组织，这类组织数量最多、作用最直接，最需要关注扶持。社区是社会的基本单元，是体育社会组织开展活动、发挥作用和提供服务的主要平台。长期以来，体育部门在支持未登记体育社会组织方面办法相对较少，能够发挥的作用亦较为有限。要更好地利用城乡基层社区未登记体育社会组织植根于民间的优势，发挥其在提高全民健身的组织化程度、维护和协调健身人群利益中的积极作用是需要通过创新驱动来实现的。可以协同乡（镇、街道）尝试把基层没有进行登记的体育社会组织归为城乡社区管理和公共服务的整体范畴，研究设立以社区服务机构、乡镇综合文化机构为体育社会组织附属平台的运作管理体系；改善孕育帮助方针计划，设置辅助区域、类别和要求；研究和民政以及基层组织一起实行给没有登记的体育社会组织进行备案的管理方式；设立社会上的指导人员进入指定站点对体育活动进行指引的体制，指引城乡健身站点利用团体会员的身份，投入到体育单项协会和人群协会中去。

（三）培育发展自律联合性体育社会组织

自律联合性组织亦称“枢纽型社会组织”，属于社会组织的“政治综合、代表、协作”组织，利用枢纽式管理模式，达到社会组织自我管制、教育、服务和发展的目的，不但有利于社会组织的注册、管治和整改，也有利于产生党委带领，政府承担责任，社会协作和公众共同参与的社会管理的现状。体育类社会组织中具有较鲜明联合性社会组织特征的是体育总会。一般来说，体育总会都是体育部门发起的，在政社分开的背景下，今后体育总会将按照现代社会组织体制要求办会。体育部门应当重视培育体育总会，并将重点应放在县级体育总会上；建立体育总会的绩效评价制度；积极探索城乡基层枢纽型体育社会组织的实现形式，建立以城市街道办、农村乡镇的社区文化中心和乡镇文化体育工作站为依托的基层体育总会制度。

（四）加强实体性体育服务机构建设

现阶段，我国体育社会组织结构不完善，体育类民办非企业单位数量过少，为此应增强管理力度，指引和扶持社会力量举办不同的公益类和实体类的健身服务组织，增加所有体育类民办非企业单位的区域。当前，体育类民办非企业单位遇到的难题主要是没有资金支助、没有对应的法律维护。和企业不一样，社会组织不能一直利用利润来保持生存状况，所以除了利用服务采购获取费用以外，政府还专门给社会组织进行资金扶助，进而加速社会组织的发展进程。体育部门采购的服务都是实时性的，不具备对社会组织长久发展的思考，也不具备培育的进展费用，更是对社会组织的可持续发展有所忽视，因此政府对实体性体育社会组织的支持应主要体现在建立资助制度、税收政策优惠等方面。

（五）建设高素质的体育社会组织从业人员队伍

发展体育社会组织，重点是要解决人的问题，有了好的社团领导和高素质的工作人员，才能迎来体育社会组织更加健康发展的未来。其具体措施主要有以下几点：一是优化社会组织人力资源分配，增强体育社会组织发展水平，提高从业人员专业化能力和综合水平，促进体育社会组织专业人员的专业化发展；二是加深体育社会组织领导人员和内部员工的训练力度，特别是针对目前部分体育社会组织负责人不了解、不专心学习规范社团发展事务的情况；三是对社团预定的领导人选进行专业的技能训练，培养他们对章程的尊重意识，培养他们依法行事和正规运行的思想理念，并且应该有目的地进行各种形式的培训活动，锻炼员工的专业技能，加强团队的专业水平；四是主动打造条件和专门的机构进行合作活动，把短暂训练上升为标准化训练，打造专业化的队伍，给体育社会组织的正规进展提供了人才条件；五是加大力度，对各个层级的体育社会组织相关人员的业务能力进行训练，给长久提供公共体育服务打下基础。

六、建立和完善体育社会组织综合监管体系

2018年9月，中共中央办公厅、国务院办公厅印发了《关于改革社会组织管理制度促进社会组织健康有序发展的意见》，并发出通知，要求各地区各部门结合实际认真贯彻执行。

（一）稳妥推进直接登记

重点培育、优先发展行业协会商会类、科技类、公益慈善类、城乡社区服务类社会组织。成立行业协会商会，按照《行业协会商会与行政机关脱钩总体方案》的精神，直接向民政部门依法申请登记。在自然科学和工程技术领域内从事学术研究和交流活动的科技类社会组织，以及提供扶贫、济困、扶老、救孤、恤病、助残、救灾、助医、助学服务的公益慈善类社会组织，直接向民政部门依法申请登记。为满足城乡社区居民生活需求，在社区内活动的城乡社区服务类社会组织，直接向县级民政部门依法申请登记。民政部门审查直接登记申请时，要广泛听取意见，根据需要征求有关部门意见或组织专家进行评估。国务院法制办要抓紧推动修订《社会团体登记管理条例》等行政法规。民政部要会同有关部门尽快制订直接登记的社会组织分类标准和具体办法。

（二）完善业务主管单位前置审查

对直接登记范围之外的其他社会组织，继续实行登记管理机关和业务主管单位双重负责的管理体制。业务主管单位要健全工作程序，完善审查标准，切实加强对社会组织名称、宗旨、业务范围、发起人和拟任负责人的把关，支持符合条件的社会组织依法成立。

（三）严格民政部门登记审查

民政部门要会同行业管理部门及相关党建工作机构，加强对社会组织发起人、拟任负责人资格审查。对跨领域、跨行业以及业务宽泛、不易界定的社会组织，按照明确、清晰、聚焦主业的原则，加强名称审核、业务范围审定，听取利益相关方和管理部门意见。严禁社会组织之间建立垂

直领导或变相垂直领导关系，严禁社会组织设立地域性分支机构。对全国性社会团体，要从成立的必要性、发起人的代表性、会员的广泛性等方面认真加以审核，业务范围相似的，要充分进行论证。活动地域跨省（自治区、直辖市）的社会组织比照全国性社会组织从严审批。

（四）强化社会组织发起人责任

国务院法制办会同民政部推动将社会组织发起人的资格、人数、行为、责任等事项纳入有关行政法规予以规范。发起人应当对社会组织登记材料的合法性、真实性、准确性、有效性、完整性负责，对社会组织登记之前的活动负责，主要发起人应当担任首届负责人。建立发起人不良行为记录档案。发起人不得以拟成立社会组织名义开展与发起无关的活动，禁止向非特定对象发布筹备和筹款信息。党政领导干部未经批准不得发起成立社会组织。经批准担任发起人但不履行责任的，批准机关要严肃问责。

《关于改革社会组织管理制度促进社会组织健康有序发展的意见》要求监管组织加快法制建设、加强服务管理能力、加强宣传引导、做好督促落实工作。

七、建立健全体育社会组织法人治理体系

按照共生共治、共建共享的理念，设立和改善由章程作为中心的，由健全法人管理结构和体制组建为基本的，由信息开放和统一监管作为保障的，由建设目的为公信力而设立的体育社会组织法人管制体系，形成结构合理、制度完善、运转协调、充满活力的现代社会组织法人治理体系积极探索建立完善体育社会组织法人治理结构。法人类体育社会组织应根据设立当代社会组织的标准，设立并改善产权明确、权责清楚、运转平衡的法人管制体系；注重并完善各种体育社会组织章程审查核定备案体系，改善以章程为中心的内部管控体制，体育社会团体需要完善会员大会和理事会体制，设立并完善监事会体制。民办非企业单位和基金会应健全理事会、监事会、执行机构（秘书处）制度。城乡基层社区未登记的体育社会组织应按规定做好备案登记，加强自治。各类体育社会组织应落实民主选举、差额选举和无记名投票制度。实行法人述职、重要领导人入职之前公示以及过失责任追究体制。

第四章
体育社会组织的自身能力建设

社会组织的公益营销和公关能力常常与项目管理、公信力管理等相结合，根据我国体育社会组织的实际情况，本节重点对相关管理机制进行详细阐述。

第一节 体育社会组织自身能力建设的重要性

一、促进体育社会组织的专业化运作

目前，我国体育社会组织能力的构建力度不断加深的重要性主要体现在：加强体育社会组织自身能力建设是促进其规范化、社会化和专业化发展的必由之路，尤其组织的内部治理机制建设，有利于体育社会组织不断广泛吸纳社会资金、专业技术和志愿服务等力量，建立起内部民主、规范的运作模式，推动体育社会组织不断加强社会化和专业化运作。

二、适应多元体育文化需求

加强体育社会组织自身能力建设是符合社会多元体育文化标准的必经之路，当今社会，人们的体育文化标准越加严谨，和政府比起来，体育社会组织在提供公和互益性产品和服务方面，具有专业性、灵活性、回应性等优势。体育社会组织是百姓和政府之间的桥梁和纽带，是反映百姓健身需求，参与公共体育决策的重要力量。加强体育社会组织自身能力建设，有利于建立起多元化体育服务体系，满足社会多元化的体育文化标准。

三、促进体育事业治理模式的转型

强化对体育社会组织的自身能力建设是其承接政府转移职能，促进体育事业治理模式转型发展，需要党的十八大进一步提出加快政府职能转变，加强社会组织建设和发展，实现国家治理体系和治理能力的现代化目标。体育社会组织加强自身能力建设，才能真正承担起政府转移职能，不断推进体育事业的社会化、产业化、多元化的现代治理格局的形成。

四、充分发挥体育多元社会功能

将社会组织的价值进行融合，推动体育社会的组建进程以及经济的进展速度，体育社会组织并未完全受控于国家政府和执政党相关机构，在社会成员主动投入、自发形成、独立管治的前提下，为社会和其成员提供公

益性或互益性服务和产品。体育社会组织在自我运作管制同时，对于锻炼群众的平等、自理来说，非常有利，对于社会感的增强也有很好的影响，同时可以凝聚社会力量，属于社会建设的主要承载者。加强体育社会组织能力建设，有利于提升组织自身的社会化、产业化和专业化运行能力，有效提供公益或互益体育产品和服务，有利于满足多元化体育文化需求，拉动体育消费，推动我国产业结构的整改，促进经济的持续进展。

第二节 体育社会组织自身能力建设的内容

一、体育社会组织内部治理机制建设

体育社会组织的治理结构主要体现在：是否形成法人治理体制，在我国体育社团登记为社团法人。体育类民办非企业单位有民办非企业单位法人、民办非企业单位（合伙）和民办非企业单位（个体）三种登记方式：其中民办非企业单位法人具有法人资格；民办非企业单位（合伙）和民办非企业单位（个人）不具有法人资格。基金会则登记为基金会法人；理事会成员是否为多元、独立、自愿和民间的；基金会是人治主导还是现代法人治理主导；是否有完善的机构管理制度。社会组织的法人治理结构一般为“会员大会（或会员代表大会）—理事会（常务理事会）—监事会—秘书处”。

二、体育社会组织的资源结构

人力资源属于体育社会组织最珍贵的要素。体育社会组织的人力资源管理主要包括组织的员工管理和志愿者管理。目前我国体育社会组织发展很不平衡，很多组织都没有专业技能的员工，员工数量也非常少。

（一）社会组织人力资源管理概述

1.社会组织人力资源管理的内涵

所谓人力资源，也可以称为劳动力资源，还可以称为劳动力，指的是可以促进宏观经济和社会进展、拥有劳动水平的人口总量。社会组织的人力资源管理，指的是对社会组织的人力资源进行具体分析，按照法制制度将社会组织归属的人力资源实行计划、聘请、吸收、待遇、保障等管理行为和经过的综合。这主要是指为了满足社会组织的需求，通过现代人力资

源的管制理念，持续获取专业人才，同时对吸收到的人力资源进行改善、配置，提供不同方式的回报，进而合理地进行开发使用，并让其可以持续地进行下去。社会组织人力资源管理的目的为给组织的存活发展、竞争力量以及强大的适应力带来充沛的人力资源。

2. 体育社会组织人力资源管理特点

和营利企业人力资源的管理模式不一样，因为体育社会组织的目的并不是赢的利益，它的目的是多元化的、公益性的，具有很高的理想属性，让社会组织人力资源具备关键的属性，主要体现在：

（1）素质标准的显著性。因为体育社会组织拥有很高的社会责任，所以社会成员的素质也要相应的增强，它的道德水准和社会整体人力资源的平均水平比起来，要高出很多。社会组织活动必须拥有强大独立参与的力度，成员彼此间应该具备超强的团队合作能力，成员自身也应该具备超强的道德自律水准。培训活动不但包括普通性质的能力和岗位训练，还包括对员工使命感、责任感以及道德感的训练。

（2）鼓励形式的显著性。对成员进行限制和鼓励的同时，应该利用宣传组织文化、制订组织目标的形式，将个体聚集在一起。利用组织行为指引和限制个体活动，将个体成员的责任和使命感激发出来，让员工通过强烈的自我认同感充分发挥自己的作用和影响。同时应该将人本管理思想融入到管理机制当中，利用柔性方式进行管理，不要单纯受限于机制和机构以及形式的框架限制。

（3）成绩效果的评价显著性。对员工进行评价的标准不应该只局限于员工优秀就给予其物质奖励，更不应该只看短期收益和暂时性成果就对员工实行物质奖励，还要对长远贡献有所重视。

（4）管制规划的显著性。社会组织人力资源管理在管理规划上更加注重价值体制和使命感对于员工的鼓励和凝结功能；更注重将人力资源管制和责任管制联合起来。

3. 社会组织人力资源管理主要环节

社会组织人力资源的治理目的是：给组织的存活、进展、竞争力和适应力的增强，带来了更加充沛的人力资源。

社会组织员工管制的重要步骤包含：员工素质模型设立、人力资源分配、计划职业道路、职位解析和人员安排、招聘和训练、工资和待遇、成绩评定、劳动形式、员工管制体系等主要内容。志愿者属于社会组织尤为关键的人力资源，属于社会组织重要的构成元素。在志愿者的管理方面，更加看重价值观以及责任感，看重对社会和个人的人文关怀。

（二）体育社会组织志愿者管理

志愿者被联合国称之为“自发提供社会公益性服务却不收取权益的行为者”，详细地讲，就是在不获取任何回报的条件下，可以主动肩负起社会责任，将自身的时间和精力奉献出去的人。但是大多数人觉得志愿者为：自身环境允许的条件下，不收取任何回报，科学有效地使用现有资源，将自己的时间和活动无私奉献，自发进行社会公益活动。

体育志愿者属于体育活动组合以及活动开展最关键的构成要素，同时也是各种体育社会组织最稀有的人力资源。我国体育志愿者主要包括赛会志愿者和日常体育活动组织开展的志愿人员。目前，我国大多数体育社会组织对志愿者的招募、培训、使用等还不够规范，志愿服力量作用的发挥还亟须加强。

在体育志愿者管理中，志愿者的招募、培训、服务、评估与激励等重要步骤都不可缺少。体育志愿者的聘用通常包含：首先，将服务对象和服务领域以及服务角色进行定位，设置相关计划；其次，安排计划工作，对工作手册进行编排，对工作程序和手段进行设置；再次，设置志愿者聘用方式以及选择形式并对志愿者进行相关培训；最后，对志愿者的工作进行规划、对志愿者工作进行督导与评估、对志愿者进行激励等。

三、社会体育组织筹募资源和财务管理

（一）体育社会组织筹募资源能力概述

筹募资源能力指的是社会组织资金募集能力。募集资源不但可以推动社会组织进行多种形式的活动，还可以增强自己的能力水平，同时能够执行组织下达的任务，给公益服务打下坚实基础。

1. 筹募的基础条件

社会组织在筹集财力和资源的同时，不管是在主体资质上还是在活动领域及活动力度上，都应该和我国的已有法制相匹配。公益事业的筹款和募捐两者间，既有共同之处也有差别之处。

募捐指的是具备募捐资质的组织为了达到慈善的目的，在全社会范围内进行的募集捐助行为。募捐内容包括资金和物质等很多方面。筹款则属于在更宽阔的领域内为了进行公益性的服务而集结资金的行为。从广义上讲，筹款包含会费缴收、有效投资、合理管理、社会捐助、政府扶持等不同形式获取资源的行为；从狭义上讲，筹款指的是对财物类资源进行募集的行为。

一个社会组织能够实现有效募捐并且必须要具备的基本元素是：组织

具备很强的公信力度、正规的财务体质、有效的公共关系方针、准确的募集计划方式，还要具备筹募所需的相关资质。

社会组织公信力的普遍标准为：具备组织的合法性、准确的公益责任、公开的信息体系、具备优质形象。

正规的财务体制包含：所有信心都要切实可信；组织资产备案有效管理，没有破损和滥用；符合组织原则，按组织政策进行活动；遵照政府的法律法规进行活动，符合捐助者对财务报告的标准。

优良的公共关系包含：设立公共关系计划和新闻媒介形成主动的合作关系，在进行公益活动和筹募的同时，得到公众的帮助和鼓励。

组织身份必须符合法律规定。从募捐的角度来看，不是任何社会组织都可以进行捐助的。募捐属于慈善活动的主要要素，它针对不固定的主体进行募捐行为，募捐领域很广，假如不进行严谨的整治，会形成负面效果。按照合理合法的规定，慈善机构和法制允许的，能够进行捐助行为的组织，才能够在它的目的、业务领域内进行募捐行为。其他组织就必须在达到捐助活动许可权以后，在相应的时间和地点用规定的形式进行募捐行为。所有为了扶持固定对象在本单位和社区等指定领域进行的互助性捐助活动，不用取得行政许可权力。

2. 筹募资源的程序

体育社会组织筹募资源程序主要有：设立捐助方案、建立募捐机构、形成捐款途径、创造捐助品牌、采取筹募手段以及筹募活动组织。当中涵盖了筹募活动的计划安排、舆论宣传、管制、回馈等非常详细的步骤。只有全部程序的技巧都可以熟练使用，才可以将整体过程完成的连贯有序，才可以确保完成筹募的既定目的。

3. 筹募资源的渠道

（1）向社会筹募资源。通常分成工人和机构的捐赠两大类别。

（2）向政府寻求资源。伴随政府功能的改变，政府采购社会组织服务，会慢慢形成体育社会组织资金及资源的主要来源途经。在此过程中，由政府经管规划、条约、标准、招标、评估、质量，而各类体育社会组织主要根据合约提供公共体育管理和服务。

（3）用经营增加资源。除了从组织外部号寻求支持外，体育社会组织还可以通过各种有偿经营的方式来向社会及其成员提供服务，增加其自身的“造血”能力。

（二）体育社会组织的财务管理能力

体育社会组织的财务管理水平指的是：社会组织对财务活动的管治能力，对财务关系的处理能力，对财务管理过程的平衡和监控能力，通常涵盖财务规划、制订、掌控、计算和分析能力的内容。

1. 财务预算管理

预算管理是体育社会组织财务管理的主要内容，通常包含五个环节：第一，采集有关资料，对组织的财务环境进行解析，了解预算标准，并对预算指标进行有效拆分和统一；第二，平衡人、财、物三方力量；第三，使用合理的预算方式，在单项预算前提下，将预算方案制订出来；第四，采纳建议、改正并完善预算方案，对预算标准和其他内容进行整改，制订综合财务预算方案；第五，呈交给上级部门和协会，进行探讨，最终表决结果。

2. 财务内部控制

财务控制体制的目的是对组织资产的安全和完善进行保障，增强会计信息水平，保障国家章程体制、项目条约和运行计划的实行，消除或减少不同形式的风险，增强管理效率，达到组织的经营目的，因而设立并执行的一整套的控制计划、举措和环节。

会计控制内容通常含有：①预算掌控；②货币资金掌控；③真实存在的资产掌控；④投资掌控；⑤对购买、支出、收入账目的掌控；⑥对资金的筹集掌控；⑦对不同费用的花销掌控；⑧对担保的掌控；⑨其他。

四、体育社会组织项目管理能力建设

（一）体育社会组织项目管理的含义

体育社会组织的项目管理是指通过合理充分利用财力、物力、人力、时间和信息资源，通过规划设计，组织实施，领导和控制，监督和评估过程，实现具体目标，开展一系列活动。每个组织都具备不一样的项目管理手段和环节，但是它的目的却是相同的，也就是优质项目资源的应用，增强对项目活动的管制力度，进而通过有限的资源达到项目和组织目的。

（二）体育社会组织项目管理的内容

社会组织项目管理过程包括：项目发起、计划、实施、控制和结束。项目具体的管理内容有：项目综合管理、项目成本管理、项目质量管理、项目采购管理、项目人力资源管理、项目范围管理、项目时间管制、项目地点管制等内容。接下来将通过项目的计划和设立、执行管制、评价管控这几个方面对体育社会组织的项目管理作以下介绍。

1. 项目的策划与设计

项目的策划主要考量项目是否符合组织宗旨、是否满足目标群体的需求，是否符合资助者需求等宏观因素。项目的设计是项目的具体计划，内容主要包括：

（1）项目目标：是指实施项目要达到的一个或多个预期成果。项目目标可分为短期目标和长期目标等。

（2）项目范围：是指项目实施范围的界定，如实施地点、实施人群等。

（3）项目内容：具体内容的设计是项目设计的核心部分。需要针对项目目的、项目对象、相关环境等进行细致和周全的考虑，并条理清晰地在计划书中呈现。除具体活动内容、顺序等，也要包括对活动风险的分析和评估、制订预警机制等。

（4）项目日程：是指项目的时间进度，如项目启动时间、项目周期、各阶段时间计划等。

（5）项目预算（财、物等）：是项目实施过程中所需要的经费设计和所涉及的场地设施设备等的计划。如交通费、通讯费、食宿费、资料费、会议费、劳务费、管理费，还有场地设施设备的购买、租赁、使用及相关费用等。

（6）项目人员：主要是指项目活动中所应有的员工配置和工作分布。

2. 项目的实施管理

项目的实施管理主要包括以下几个环节。

（1）项目启动和计划。项目启动阶段通常需要对相关参加人员的培训，制订详细的实施计划和开展相关准备工作。

（2）项目的组织实施。明确项目的管理分工成管理组织，有序高效推进实施计划的过程。在执行过程中信息发布等工作也一并开始运转。

（3）项目控制与管理。项目运行是指对项目的进度、财务、信息、风险因素等进行监控管理的过程。例如，定期汇报进度、进度报告书、项目运行中的采购控制、通过财务制度进行财务监管、信息的沟通、对项目中的风险因素进行防控等。

3. 项目评估

社会组织项目评估是管理的主要元素，贯穿于社会组织项目管理的整个经过。所谓项目评估，就是对项目的真实状况、现有效果和既定目标等进行对比、分析，找出差距、原因等的经过。

（1）种类。因为项目管理经过不一样，能够把项目评估划分成产生、经过、成效、预期及概括评估。预期评估是对项目酝酿阶段和策划的评估。形成评估是对可行性报告的评价和再审视，也是对项目论证和计划阶段的评估。项目完成后的评估则是总结评估和效果评估。按照评估主体的不同可以分为项目中标方的自我评估、项目资助者的评价和项目服务公众的满足感评价等。

（2）主要内容。国内学者一般将社会组织项目评估分为5个方面的扩展，分别为项目的实践性、经验和现有问题、社会作用、成果和效率、可持续发展这几方面的评估。具有差别的社会组织项目评估的基本维度是基本相似的，由于项目的性质、规模、项目类型、项目目标、受益对象、评估目的等因素的不同，项目评估的内容以及详细标准也是不一样的。体育社会组织项目评价的内容通常是指针对不同项目类型，根据不同评估目的等设定的项目评估框架和指标体系的总和。

（3）项目评估方法。体育社会组织项目评估手段是通过评估的构造、指标机制、原则、技能和工具共同构成的一整套的体系。

评估构造和标准作用于项目的标准和内容。项目评估常用的几类指标包括：投入指标，项目中投入的人力、物力和财力等指标；产出指标，通过项目投入直接获得的结果；结果（效益）指标，通过项目产出所达到的效果；效率指标，每一个单位的投入所导致的产出质量（满意度）指标，目标群体的满意程度。评估原则制订评估的程序、次序、规定和环节，评估的技能和工具供应评估的操作方式和操作技能。

项目管理的手段各有不同，切实施行的时候，应该按照项目评估的承载者、主体和目标有目的性地进行选取。

五、社会体育组织战略管理和公信力管理能力

（一）体育社会组织的战略管理

1. 体育社会组织战略管理能力

体育社会组织的战略管理能力指的是组织部署、执行和预期的能力。利用战略管制，能够使体育社会组织明确行动纲领、阶段任务和发展目标，认清组织的优势劣势，推动组织创新，同时通过战略管理有利于达成共识，凝聚团队和形成组织文化并建构组织的期望，让全部成员一起得到并享用，启发成员的奉献意识，并全力启发参与活动的主动性和创新性，让整个组织具有活力。

2. 体育社会组织战略管理程序与内容

体育社会组织战略管理通常包含准备、战略分析、战略规划、战略实施和战略评估等阶段。

（1）准备阶段。准备阶段主要包括：组建战略规划委员会，设立规划环节和进程布置，执行战略规划调动等。

（2）战略分析阶段。战略分析阶段通常包括资料的采集、调整和对组

织环境的解析。

组织内部环境分析：包括服务对象的需求与满意度、管理层工作效率、财务管理、信息管理、分支机构或会员情况、项目绩效、组织文化、人力资源管理制度与工资福利、专业化程度等。

组织外部环境分析：社会组织所属的外部环境的动态解析的目的为了解外部因素的改变方向，让组织顺应环境的改变趋势，完成组织的既定目标。环境分析通常包含：活动专业区域进展、重要服务和潜在服务团体、竞争对手和合作伙伴、政治、社会、文化、经济、科技、监管等发展变化。

（3）战略规划阶段。战略规划阶段是指形成组织战略计划的阶段。体育社会组织战略安排内容含有：第一，对于组织的目的、职责和愿望的探讨。宗旨是社会组织的终极目标和根本方向；任务是社会组织为实现其宗旨所应采取的主要方法；愿景是对组织要达到的一个理想境界或蓝图的展望。第二，关于组织发展中期目的的探讨。主要是确定组织在之后的几年内详细的预先进展的趋势和目的。第三，有关组织方针和执行计划的研究。了解组织在以后的几年内会使用的活动方针，也就是在目的、能源和手段之间组成优良组合；行动方案指的是在活动方针的带领下，为了完成社会组织的目的而使用的详细的方案和手段。第四，分析内外部相关环境的可能变化。第五，完成战略规划书。战略规划书的涵盖范围通常含有目的、历史、愿望、职责、方针和执行计划等。

（4）战略实施阶段。实施战略规划是战略管理的关键。实行战略通常包含战略制订、活动方案、组织预备、资源预备、战略执行、整体执行和战略掌控等步骤。

（5）战略评估阶段。战略评估是按照相应的规定和秩序，分析战略执行的成效、效率、成果和价值，并将其作为决定战略变革、战略改进和制订新战略的依据。

（二）体育社会组织的公信力管理

1. 体育社会组织公信力的含义

公信力是社会组织的安身立命之本。体育社会组织的公信力指的是组织取得社会群众以及利益关联者接受并信任的能力。

2. 体育社会组织公信力建设管理途径

（1）完善体育社会组织内部治理结构和行业自治体系的建设。我国社会组织存在的问题包括体育社会组织总体上发展不成熟，许多组织内部的治理结构、管理制度和监督机制不完善，运行中容易忽视服务对象和相关利益群体利益的情况。需要建立形成董事会、理事会（委员会）、监事会、会员（代表）大会互相约束由共同提升效果的管理体系。建立完善内部规章体制，完成比较完整的领导、策略、财务、人力管制、资产管制体系等。对于体育行业性组织来讲，加强行业内部自律机制和自治体系的建设非常重要。自律机制包括：建立行业标准，建立行业内行为规范以及通过许可、认证、行业评估等进行行业内部管理。

（2）搭建对内对外的信息服务平台，建立良好的信息公开制度，注重运行的公开与透明。公开透明运行是非营利性组织获得社会公众、会员及服务对象、捐赠人、资助者等信任和组织公信力的重要保障。通过互联网、移动平台、报刊、信函等多种途径搭建对会员及服务对象、捐赠人、资助者、社会公众等的信息服务平台，建立起各类信息公开制度，如定期发布组织运行中涉及的资金、捐赠物资、项目运作、成效等多方面信息，是非营利组织主动接受社会各界监督的一个渠道，也是非营利性和获得公信力的重要保障。

（3）遵守体育社会组织的宗旨和公益目标，保障公益项目高效率运行，合乎法律法规是社会组织公信力的法律底线。体育社会组织要依法设立、依法运营、依法管理和依法监督。运行中，真实、有信用、公开，不允许欺骗、作假、故弄玄虚。坚守组织宗旨，高效率开展各类公益营销和公益性服务，也是树立组织公信力，履行组织使命的重要保障。

（4）评估和公开评估信息。社会组织的评估包括社会组织作为项目承担方自身所做的第一方评估；项目资助者或者项目委托方对社会组织所做的第二方评估，还有为独立于社会组织又独立于社会组织委托方的，具有法定权威的，由社会中介组织所做的第三方评估。体育社公组织可以定期开展各类评估并公布评估结果，树立组织公益形象和公信力。

第五章
体育社会团体的建设与管理

一个社会是否成熟，取决于其社会团体发展的情况，通过了解发达国家一系列的发展历史我们不难看出，一个国家如果想要更好地避免政府治理中“政府缺位”和社会治理中“市场失灵”等问题，则需通过让大量的社团参与到各项社会活动中来方能有效地解决此类问题。改革开放以来，在我国的经济生活中，社会团体从诞生、成长的波折坎坷，到今天的日趋成熟，始终扮演着非常重要的角色。本章主要从概念、分类、特征三个方面来对我国社会团体的管理制度和内部治理进行相关的阐述。

第一节　体育社团的概念与基本特征

一、体育社团的概念

着眼于全球的范围，所有国家的体育社团组织对于促进世界和国家体育事业进展层面具有功不可没的重要地位。

就我国而言，各级政府及其体育行政部门在体育管理方面的职能由于体育体制改革的不断深入和体育社会化程度的不断提升，过去那种僵硬的固态模式进一步发生改变，从直接办体育到对体育进行全局调控治理。在此期间，体育社会团体将扮演曾经政府的角色接过体育管理这个接力棒。所以，为了迎合体育事业发展的必然规律，我们要让体育社会团体在治理体育事务、发展体育事业里成为主角，让政府转换角色，从主到次，由管理到辅助。这也是我们推进体育社会化、深化体育体制改革的必经之路。

事实上，由于社会团体组织形式的复杂多样，导致我们很难对其进行明确的界定。就现有的体育社团来看，既有“公立”的，也有“私立”的；既有自营利性的、也有共赢性质的；既有会员制的，也有非会员制的；既有以人为目的聚集的，也有以共同体育类别兴趣为目标而聚在一起的；不但具备法律适用特性，也具备社会相关价值。在此目的上，一些学者觉得体育社团属于：“公民自发形成，独立管治，为达到会员统一愿望，根据它的章程，以体育活动为目标的，公益性质的社会组织。”按照《中华人民共和国法律全释》，体育社会团体属于公民自发形成并由依法注册进行体育健身、比赛、研究等活动的公众性的体育类别。

总而言之，体育社团属于公民自发形成，独立管理，为了达到会员的统一愿望，根据它的章程以体育活动为目标的公益性社会类别。它的目的是发动并聚集群众投入到体育活动中，促进体育事业不断前进的公民自发形成的具有公众属性的组织。

二、体育社团的基本特征

我国的体育社团不仅具有社团所本有的大众性，并且通过不同的方式和手段对政府有所依靠，展现为显著的半官半民的属性，主要从以下几个方面展现出来。

（一）民间与政府对社团的双向推动

政府和民间对体育社团的愿望各有不同，但共同组建社团的基础在于双方对于体育社团达成共性的期望，倘若两者对于体育社团的期望各不相同彼此矛盾，将很难实现双方共同打造的局面。构建社团的力量存在与体育社团生长的整个经过，它体现了构建者、引领者和参与者的共同愿望，同时变成了组织的目标和活动规则。在组织构造、权力力量、经济能源和作用展现方面得以体现。例如：江苏淮安自行车协会、武术协会等，属于社会合法性体育社会团体，接受政府资助，协助政府完成社团本身目标任务，开展各种健身活动，服务组织人员。

当前，体育社团更偏向于依赖相关业务部门的管理，属于民间向政府靠拢的重要体现。也就是说体育社团在政治上不具备权威属性，在经济方面不具备独立属性。现今，政府机构不能完全信任社团对责任的承担能力，不能完全让渡行政权力，所以，体育社团的半官半民属性非常显著。

（二）民间与政府的组织交叉

不同级别的体育行政机构属于社团的法定重要管理部门，前者属于后者的支持者也是掌控者。因为前者无论在资金方面、担保方面还是职业权威方面的资源都影响着体育社团的产生，所以体育组织和政府的关联也尤为密切。他们的重要带领者都具备双重身份，尤其是秘书长的位置，大都是通过主管干部来任职的。所以，体育社团积极调动行政领导担任这一职务，目的在于让行政领导解决资源不足的问题，从而提升体育社团的权威属性。就像中国田径协会一样，这个组织在1954年建立起来，具备独立法人资质，举办全国性质的田径运动项目，属于群众属性的体育社会团体，归属于中华全国体育总会，受到了中国奥林匹克委员会的认可，对田径运动进行整体管理。田径运动管控中心属于总局的事业组织，和协会的组织是不一样的。协会主席由部一级领导担任，二级分会的主要领导大多也具有“官方”背景。

（三）服务与管理功能的错位

假如说政府的主要功能是社会管理，那么服务就是社团的基础功能。社团不但要对内部成员进行服务，也要对国家利益进行服务。当前，因为经济资源匮乏、社会资源不足和不具备完整的权威性，阻碍了体育社团服务功能的完整体现。社会转型的阶段，体育社团同时承担了政府的少量行政职能，归属于体育社团的外部功能，属于新时代下政府管理社会的延展权力，同时也填补了政府管理职能的空缺，这就让一些体育社团的属性不够明确。地方的单项协会，如沈阳等城市乒乓球协会，其协会章程规定的职能是团结全市从事乒乓球运动的体育工作者和爱好者，发展乒乓球体育事业，为社会主义物质文明和精神文明建设服务。而在实际运动过程中，协会一般比较热衷于开展和参与各类赛事活动，尤其侧重于协助市体育局和体育总会开展赛事，提高运动员竞技水平，实际上等同于政府管理社会权力的延伸。

第二节　体育社团的类别划分

一、按照管理方式分类

（一）双重管理类

这类社会团体受控于政府的行政管控，社团成员也是如此，本质上属于政府的延伸力量。对于我国的社会团体来说，具备政府改制的管理属性。该类社会团体包括中国田径协会、中国篮球协会等。

（二）代管类

该类社会团体对会员拥有的行政管控来源于政府的授权和委任，具备相应的公共权利属性。社会团体不是缺少自治性质，只不过不归属于自治领域，并且由政府进行行政指引，同时对内部成员实行行政管控权力。

（三）备案类

该类社会团体在相关管理机构登记备案，独立设立权力、独立进行管理，在法制允许的条件下，按照自身的章程进行活动。这种社会团体对政府的行政领导不受直接控制，对社团人员的管控权利也不属于行政管理权力，而是属于自治管理权力。

二、按照服务对象分类

（一）互益性体育社团

所谓互益性体育社团，指的是社团组织具备专门的服务主体，它的成员能够享受体育社团带来的技术指导、资源享用、训练地点等层面的权力。互相受益的体育社团还可以划分成商业类和社会类两种类型。

（二）公益性体育社团

所谓公益性体育社团，指的是体育社团的服务对象并不固定，服务主体是整个社会的人员，为了展开体育活动而集结起来的体育社会团体，分为团体类和个人类会员。团体会员型指的是社团主要构成元素为团体。个人会员型指的是社团的主要构成元素为个人。

三、按照活动性质分类

（一）人群社团

所谓人群社团，就是指对参与者的年纪、性别、身心、地位进行区分的社会体育社团。这种社团对投入者具备相应特征方面的标准，不过组织的活动类型有很多，并且各不相同。

（二）项目社团

所谓项目社团，指的是利用某个体育活动或健身项目为基础环境的社会体育社团。这种社团没有很高的标准来要求参与者，可是全部的参与者一定要对同样的项目具备兴趣、意愿和优势。

四、按照组织化程度分类

体育社团也可以按照组织化程度划分为不同级别的社团，分别为初、中、高三种。

（一）初级社团

这种社团通常都是自愿组织的，规模不大，活动范围比较狭小和固定；活动的形式种类也很少，比较有限；没有经过法律注册、备案，不具备确切的组织形式；活动地点和时间不固定；缺少专业的领导者和训练者；团体凝聚力不高，结构框架不稳固；多数都发生在邻里之间、朋友伙伴之间，团队内容大多为舞蹈类、球类等。尽管这些社团规模不大，可是数量很多，转变为终极社团的可能性很高。

（二）中级社团

这类社团具有一定的规模，成员比较稳固，有固定的室外活动领域，在相关机构进行了法定注册备案程序，有专业人员进行指导，可是却没有相应规章制度，也缺少选举体系，组织工作也是通过社会体育爱好者和活跃人员来进行的。这些社团通常出现在公共场所，如公园、广场、健身团队等。

（三）高级社团

这类社团属于实质上的社会团体。通过民政部门进行法人登记注册程序，具备清晰的章程，具备正规的会员入会体制，会员缴纳入会费用，活动地点无论在室内还是室外，都是固定的，由专业水准的体育教练进行指引，常常进行体育赛事和体育活动，比如不同的体育协会和俱乐部等。

五、按照活动范围分类

（一）全国性体育社团

全国性体育社团是指经国家体育总局审批并经民政部门按照法律进行审批核准，登记注册，业务的主管机构为国家体育总局，包括全国性质的体育协会、学会、研究会以及联谊会等，它们都属于非营利性社会组织类别。

（二）地方性体育社团

地方性体育社团包括在省（自治区、直辖市）政府及地方各个级别的人民政府民政部门注册备案，通过有关的各个级别的体育局等机构作为业务主管单位的法人类体育组织，如某省老年人体育协会、某县篮球协会。也包括活跃在街道和社区居委会辖区的，以健身团队为主体的草根体育组织。

第三节　体育社团的管理制度

体育社团的管理制度因社团活动范围不同而有所区别。在各个级别的民政机构进行备案登记，通过各个级别的体育机构成为业务主管单位的法人型的体育组织，采取的是分级别负责、双重管理制度；机关、部队、学校等事业单位、厂矿等企业单位内部成立的体育社团实行代管制度；而对于社区基层的草根体育组织实行的是备案制度。本节主要阐述法人型体育社团的管理制度。

一、全国性体育社团管理制度

（一）成立与变更制度

建立社团需要具备如下标准。

（1）具有展现本社团成员统一愿望的章程，它的宗旨一定要和中华人民共和国宪法、体育法及相关法规制度相符合，对于国家统一的保证、民族力量的凝结和社会的平衡稳固具有非常有利的影响，同时也不会对国家、社会和机体的利益造成损害，也不会影响公民和法人的权利和自由。

（2）业务活动内容一定要发生在国家体育总局管理的业务领域之内，同时实行国家发展体育的计划、措施。利用举办健康有效的活动，推动我国体育事业的持续进展。

（3）称谓需要具备“中国”“中华”“全国”等相关字眼，还要和体育社团的业务领域、员工安排、活动范围统一。

（4）社团组织和员工需要在它的业务范围和活动范围内拥有代表性、权威性以及覆盖性。在相同业务领域内，不应该建立同样或类似的社团。

（5）需要具备合法的资产和费用来源渠道，并且活动费用也受到一定的限制。基金会根据国家的相关规章制度来进行活动，同时具备比较稳固和独立的活动地点。

（6）必须具备专业的兼职或者全职工作成员，还有拥有专业的组织体系以及民主选举的领导人员。

（7）会员人数达到50人以上，具有的单位会员至少达到30人；个人和单位会员共同形成的人数至少达到50人。

（8）必须具备法人资质，具备独立肩负民事义务的能力。

（二）业务指导与管理制度

（1）社团应当根据规章制度和国家体育总局的相关规则，完善社团的规章体制，并按照章程各相关体制进行业务活动，实行行业管制，让行业行为更加正规化，让社团更加具有自律能力。

（2）社团各项活动必须保障国家的统一和民族的团结，不能对社会公众利益有所破坏，不能进行和社团章程及宗旨不相匹配的行为。社团必须主动接纳社团登记管理部门、业务管理部门和政府相关单位的管治、监控和领导。

（3）社团必须全面展现组织特长，使用不同的方式，主动给行业发展带来服务，为社团成员提供服务；帮助政府做好不同事物的管制活动，并且主动向管理单位报告状况，如指出不足和优势为政府决策服务。

（4）国家体育总局按照这个办法和相关原则，给社团带来有效的指导和管理，按照社团标准和事业发展的标准，及时向社团报告和宣传国家有关制度、体制、规则和体育工作的方式及责任，仔细听取社团建议和工作汇报，对社团工作进行指引和平衡，帮助社团提升自我管控的能力和发展的技能。社团的各种业务类型，通过总局各职能机构按照自身的职责进行相应管理。总局按照工作需求，委任和社会业务紧密关联的相关机构和单位等，变成社团的附属机构，实行详细的社团管制和服务活动。

（5）社团的如下事务需要给国家体育总局以及对它实施管控的相关职能机构汇报或登记：

1）年度总结工作报告及把相关的工作内容方案等需要汇报给国家体育总局进行备案登记。

2）有关外部活动以及重大事务应该上报给国家体育总局，由其审批；不同重大会议的召开要上报给国家体育总局，由其批准；行业体育协会需要上报给国家体育总局进行备案登记。

（6）社团投资设立的经济实体，应先经国家体育总局体育经济司审核同意，并及时到有关部门办理登记注册手续。实体从事的经营活动，获得的利润中按规定属于社团所得的部分，应全部用于社团的事业发展。社团不得从事营利性经营活动。未经国家体育总局批准，不得接受各类经济实体的挂靠。

二、地方性体育社团管理制度

（一）登记制度

1. 筹备登记

体育社会团体在依法登记之前，应该进行申请筹备的工作，称之为筹备登记。本级人民政府的社会团体办理登记的管理机关为：国务院民政部门和县级以上地方各级人民政府民政部门。国务院有关部门和县级以上地方各级人民政府有关部门、国务院或者县级以上地方各级人民政府授权的组织，属于相关行业、学科或者业务范畴内的社会组织的业务管理机构，承担如下相关义务：①承担社团各种登记之前的审核检查；②监控、指引社团遵循相关法例制度，按照相应章程举办活动；③对社团的年检进行审核；④帮助登记管理体制以及其他相关部门检查社团的违法活动；⑤联合相关部门指导社团的结算事务。业务主管机构承担资金规定的义务，不可以从社团中获取任何利益。

2. 成立登记

允许筹备的社团没有经过成立的程序，并不具备民事主体资质，不可以利用独立社团的名义进行活动，必须召开相关会议，利用章程规定，形成执行组织、领导者和法人，最终由登记管理机关批准审核。筹备的时间要控制在半年以内。筹备的过程中，不可以进行任何筹备之外的行为。

社会团体经过审批之后，进行登记，之后接受登记管理机关颁发的相关登记证书。这个证书属于社会团体登记管理部门颁发给社团，用来证明社团的合法身份。

3. 变更登记

体育社团组织的变更登记是指登记事项发生变化后进行的登记。

主要包括：体育社会团体办理宗旨、业务范围和活动地域变更登记，体育社会团体办理住所变更登记，体育社会团体变更法定代表人登记，体育社会团体办理活动资金变更登记。

4. 注销登记

注销登记是指体育社团终止应履行的法定程序。社会团体办理注销登记后，即应停止活动，其他组织也不得以该社会团体的名义进行活动。

（1）注销登记的内容和类别。按照相关管理制度的要求，社会团体因完成章程规定的宗旨、自行解散、分立或合并以及由于其他原因终止的，应办理注销登记。

社会团体的宗旨的完成意味着该社会团体没有必要继续存在，应办理注销登记。

社会团体因某种原因依据章程规定的民主程序，自行决定社会团体终止即自行解散，应办理注销登记手续。

（2）注销登记的步骤。社团在进行注销登记以前，首要任务是进行清算。了结社会团体清算时尚未结束的事宜，将社团的资产进行清算，明确社团相关债务和债权的有关法制关联，对债务和债权进行清算，对相关的财务进行交接活动。

社会团体的清算应该设立清算机构和组织，清算组织只能在业务主管单位和其他机关的指导下成立，清算组织成员的构成、数量多少可由社会团体的自身情况而定。一般应由业务主管单位的代表、社会审计机构的审计人员、社团的领导者和财务相关者、社团的成员代表组成。清算团体不得收以下人员参加：与社会团体有债权债务关系的人及其近亲属；与社团具备其他利益关联、会对正确清算有所影响的人员。

清算活动完结之后，社团需要在清算完结当日开始，在半个月内向登记管理机构进行注销登记行为。社团的法人资质由社团登记管理机关依法赋予的，其法人资格也应由登记管理机构按照法律规定进行撤销。清算行为单单属于注销程序的筹备工作，清算结束并不意味着社会团体法人的终止，社会团体只有在清算结束后向登记管理机关办理完注销手续，才能从法律上终止其法人资格。

社会团体在办理注销登记时，应向登记管理机关提交法定代表人签署的注销登记申请书，并依照章程规定的程序决定注销登记的会议纪要、业务主管单位审查同意的文件、清算报告书，填写《社会团体注销登记表》。

社会团体法人登记证书是社会团体法人资格的证明，是社会团体法律地位的有效凭证，注销时应当收回。印章是社会团体刻制的、代表本社团的公章，以及本社团各部门使用的专用章，社会团体被注销后都应收缴。财务凭证是社会团体进行财务交往的凭证，若社团丧失民事权利能力后就不能进行财务活动，其财务凭证应及时收缴。

（二）年检制度

1. 年检的意义

社会团体年度检查是指社团登记管理机关对社团执行法制状况、执行业务活动状况、组织和领导者变更状况、财务管制等状况实行年审，进而确定社团有没有资格举办活动，年检属于一种行政执法的行为。这项工作无论对社团，还是对社团管理机关来说，都是十分重要的。

（1）年度检查是对体育社团实施管理的法定内容。登记管理机关必须履行国家赋予的职责，贯彻落实《条例》精神，认真执行社团年度检查，把社团年检作为社团管理工作的重要环节和必须坚持的制度抓紧抓好，不能由于某种客观原因，随意放弃社团年检；也不能为年检而年检，把年检与社团管理的整体工作割裂开来。社团年检实施的如何，是检验登记管理机关是否严格执法的一个标准。

（2）年度检查是国家促进体育社团积极工作的重要手段。社会团体经登记管理机关核准登记注册，取得了法律地位，这只是开始，它还需要不断地完善自己、发展自己、壮大自己，使能够促进社会进步、经济发展、社会稳定等方面发挥一定积极作用，这需要不断地督查和指导。登记管理部门利用年检活动，监督和指导社团主动执行制度的规定事务，完成章程的目的和责任，即时阻止并整改少数社团的违法乱纪活动。同时，登记管理机关通过年检，发现工作出色的社团，以一定形式给予表彰，对广大社团进行正面的积极引导，使之发挥更大作用。因此，无论从哪方面说，年检对社团都是有积极意义的。

（3）年度检查为登记管理机关制订、完善政策法规提供必要的信息和经验。我国社团管理工作仍处在一个完善法规、摸索经验的阶段。通过年检，登记管理机关能及时了解、掌握社团存在的主要问题，特别是一些带有普遍性的问题；同时，年检也检验国家的有关社团法律、法规是否存在偏差，登记管理机关在管理过程中是否存在疏漏。通过对不同类型社团的检查、分析、比较，登记管理机关不断地总结经验，从中摸索出一套更为科学的社团管理方法，同时也进一步完善有关社团法规、制度奠定了基础。因此，年检过程，不但是一个检查社团行为的过程，也是一个检验社团登记管理工作和检验社团管理政策法规科学性、合理性的过程，它为登记管理机关制订更适合社团发展需要的法律、法规，提供了十分必要的信息和经验。

2. 年检的主要内容

对社会团体进行年度检查，内容主要包括：

（1）按照法律法规的规定执行活动的状况。社团一定要在国家法治制度允许的领域内进行活动，因此，社团年检首先要检查社团是否遵守国家有关法律、法规，有无违法乱纪行为。

（2）开展业务活动情况。社会团体的生命力在于活动，社会团体通过业务活动，沟通、联络该群体的成员，共同致力于某项事业，为社会创造物质财富和精神财富。如果社会团体不开展任何业务活动，那么这个团体就失去活力。核查社会团体的业务活动开展情况，对社会团体起着监督、敦促、激励的作用。

（3）开展经营活动情况。这项内容主要是核查社团所设立的事业实体或经济实体的经营情况，以便登记管理机关及时了解社团的经济动向和存在问题，同时协同有关部门，适时调整社团开展经营活动方面的有关政策、法规。

（4）财务管理和经费收支情况。主要是检查社团是否遵守国家有关经济制度、财务纪律，检查社团财务管理制度是否健康、其收入支出是否合理合法，其经费来源是否有保障等。通过检查，对那些财务混乱、经费收支有严重问题的社团，要责令其接受财务审计。

（5）组织建构状况。通常是审核检查社团平时办事组织和分支部门的备案状况。一些社团，未经登记管理机关批准或备案，就擅自设立机构，并开展活动，在社会上造成了恶劣影响，因此，通过检查，能随时找到社团在机构设立方面的问题，及时进行改正，让组织设立更加正规、有效。

（6）领导者和工作者状况。对两者状况的审查是十分重要的，有个别社团负责人（特别是法定代表人）已经更换好长时间，却一直未办理变更手续，严重违反《社会团体登记管理条例》所述10日内到登记管理机关办理变更手续的规定。有些社团，没有工作人员，使工作处于瘫痪状态。上述情况，只有通过年检，才能得到及时纠正和改进。

（7）社团办公地点。有固定的办公场所是法人所应具备的条件之一。可是有些社团却没有办公场所，而把办公场所设在某些社团领导人的家里，这是极不正常的。因此，社团年检也要把办公场所列为核查的内容之一。

（8）其他相关状况。例如，社团对会费的收取状况、政府机关领导人担任社团领导者的状况等，也应列入社团年检的内容。

3. 年检的工作程序

《社会团体年度检查暂行办法》第六条规定的社团年检的步骤如下。

（1）登记管理部门颁布相关年检告示或者说明。

（2）社团在正规的时间内获取《社会团体年检报告书》。

（3）社团根据相关需求筹备相关资料，由业务主管单位审核检查之后，上报给登记管理部门。

（4）登记管理部门根据相关制度的年检规定，对递交的材料进行审查工作。

（5）登记管理部门对年检情况进行概括总结。

（三）评估制度

1. 体育社团评估的必要性

体育社团评估作为引导社团健康发展的重要手段，越来越受到政府与社团的重视。从2008年开始，陆续启动了社会组织评估工作。截至2014年底，已经整体全面的实行了社会组织的评估工作而且获取了非常好的成效。

建立社团评估体系是提升社团能力建设的需要，促进政社分开、加强社团自主性一直是社团改革的重点。社团评估是评价和促进社团公信力的重要手段，也是引导社团能力建设的重要标杆。

为了适应构建和谐社会的需求，加大培育适应社会主义市场经济体制、接近广大人民生活需求的社团部门是社团登记管理部门的重要职责。利用评估手段，变“消极管理”为“积极管理”，引导社团结构调整，树立优秀社团的社会公信力，成为国内社团管理改革中的重要一环，受到各级政府以及社团登记管理机关的高度重视。

2. 确定评估范围

通过评估，要促使那些宗旨明确、运作规范、能力卓越、社会影响积极的优秀社团脱颖而出，为其他社团提供模范标杆。另一方面，通过评估，引入竞争机制，淘汰那些管理混乱、无力实现其宗旨的社团。社团评估包含两个方面：第一，“规范”。审核社团实现宗旨、服务会员、贡献社会的基本能力，提高社团运作透明度，维护会员与社会公众基本利益，从而通过评估实现对社团的规范与约束；第二，“选优”。通过对组织的全面评估，发现优秀社团，提高社团被社会认识和接受程度，促进社团公信力，创造有利于社团发展的政策环境，培育优秀社团，形成良性激励机制。

社团评估要解决的主要问题包括：社团是否具有开展活动的基本条件、社团是否具有实现其宗旨的组织能力、社团组织管理是否规范、社团是否围绕其宗旨开展活动、社团是否实现既定社会功能并产生良好的社会影响。根据国家民间组织管理局的提议，社团评估主要包括基本要素、社团管治、业务行为和作用这四大基础层面，也就是四级指标。每一个级别指标还可以分解为若干二级指标，以下是评估范围框架设计的基本思路。

（1）基本条件。评价对象是否具有成立社团的基本条件，强调导向性，引导社团明确组织属性和树立法制意识。

合法性：评估会员性社团是否具有行业代表性。

非营利性：评估社团的非营利性，为将来社团获得免税地位提供依据。

自主性：评估社团在人、财、物以及运作与活动中的自主性，推动政社分开。

社团宗旨：评估社团目标和宗旨是否明确、具体、可行。

基础设施：评估社团规模，在后续指标中计入规模因素。

（2）组织管理与能力建设。

民主办会：评估社团决策民主化、科学化和公开化的程度。

组织制度：评估社团管理制度化程度，组织管理制度完备、明确、可操作性强。

人力资源：评估社团人力资源状况。

持续发展：评估社团持续发展能力。

（3）业务活动。

会员服务：社团以会员为基础，这类指标评估社团为会员提供直接服务的能力。

业务职能：评估社团其他业务职能。

社会服务：评估社团对社会的贡献。

（4）社会影响。

会员认同：评估会员对社团的认同程度。

政府认可：评估社团与政府关系。

社会公信度：评估社团被社会接受程度。

为了使评估可操作化，在第二级指标下需要进一步设计第三级评估指标。第三级指标的得分加权几何平均值之后得到最后的评估分。第三级指标制订规则的中心评价为定量评价，同时配合定性方面的评价，以期达到客观效果。定性评价利用专家评分的形式，慢慢变成为可以进行计算的量化指标，从而达到量化的预期效果。

3. 评估小组

目前，关于由谁进行社团评估的问题，有几种不同看法：①政府部门，如登记管理机关或业务主管单位；②完全独立的专业评估机构；③由登记管理机关发起成立的相对独立的评估机构。

由政府部门直接充当评估主体，可以保证评估的权威性。但这种形式也存在不少弊端。业务主管单位虽然较全面地掌握了所属社团的情况，却由于与他们存在利益相关或利益竞争关系，评估公正性容易被质疑。由登记管理机关充当评估主体，利益关系相对超然，但繁重的工作量会使编制本不充足的登记管理机关更加不堪重负。而且将评估与登记管理直接挂钩，也存在潜在的道德风险。出现评估结果失真时，政府必须承担连带责任，这将有损政府权威。

从理论上来说，第三方评估部门拥有独立属性和专业属性，属于理想的评估者。但是，在目前发展阶段，社团评估理论与实践刚刚起步，新成立的第三方评估机构本身需要很长一段时间摸索和积累，方可形成自身的公信力和权威性。在这种情况下，对第三方评估机构的监管也是需要探索的问题。

不论哪个机构充当评估主体，评估专家都是不可缺少的。除了接受专业训练的评估人员外，评估委员会中至少要包括如下人员：社团登记管理机关代表、业务主管单位代表、资深社团工作者、社团研究者、财务专家、人力资源专家等。建立社团评估专家库是评估机构的重要任务之一。

4. 评估方法

社团评估的方法主要包括以下几种。

（1）即由评估小组根据社团申报的材料进行审查。这是社团评估中最常用，也是成本最低的方法。通常，评估机构需要制订详细的评估指标体系与标准，并要有指标或标准的详细解释。社团根据评估机构的标准，逐条进行自我评估，并附相关证明材料，包括财务审计报告。

（2）访谈法。评估小组如对社团自评报告存有疑义，可能需要与社团沟通，听取社团的解释或说明。访谈通常包括电话访谈，也包括现场评估时的个别访谈。

（3）座谈法。座谈法通常只在现场评估中采用。包括与社团理事会成员、管理人员、会员代表座谈。

（4）观察法。观察法通常也只在现场评估中采用。评估小组成员到社团所在地进行现场检查和观察。

5. 评估结果

经过最初评估，每个评估客体都会得到一个评估分数。但作为最终评估结果，需要对评估分数进行再处理。处理方式有两种：

（1）二元分级：根据分数高低与专家意见，将社团分为合格与不合格两类。

（2）多元分级：需要按照分数标准，将其分为不同的级别，优、良、中、差等，详细的表达也可以通过其他的方式进行。在一般情况下，后一种结果能对社团产生更大的激励效果。

评估结果是对社团相对客观的评价。除了向社会广泛公示评估结果之外，评估结果对于登记管理机关和业务主管单位制订社团政策也具有重要的参考价值。为了增强激励效果，评估结果可与适当奖惩措施相联系。奖励措施诸如免予年检、优先获得项目资助、免税资格等；惩罚措施诸如限期整改、注销社团资格等。具体奖惩措施选择需要根据政策环境决定。

在示范性评估阶段，评估委员会得出评估结论后，上报登记管理机关，经登记管理机关批准，向社会公示，公示期如无异议，可选择在媒体上正式宣布评估结果。评估委员会与登记管理机关要加大对评估结果的宣传力度，争取树立评估品牌。示范性评估可以采取多元分级，比如根据分数段评选10星级社团。

第四节　体育社团的内部治理

一个社团的活动地点、工作地点、社团名称的牌匾和标牌，以及办公工具和设施，都属于社团的外部形象。但是社团除了硬件之外，还拥有软件，就像各种会、处、机构、室、组织和部门等，这些都具有不同类型，具有不同形式、数量和种类根据需要制订出来的。同时也包括如上各种机构在高层领导者的带领下进行的不同活动，从而形成了社团的内部运行体制，也就是软件。

一、内部治理制度

体育社会团体内部治理需要一整套的体制进行保障。

（一）民主选举制度

选举制度指的是社会团体内部利用相应的方式，在会员当中选择诞生会员代表、理事、常务理事、监事、分支机构负责人、代表机构负责人以及社会团体领导者等秩序分配的一整套的规范行为。

社团的选举体制涵盖了如下一些层面的内容：选举体制应该坚持的原则，权力机构的选举体制，选举工作机构，选举程序，罢免、辞职和补选等相关规定，法律责任。

（二）民主决策制度

社会团体的民主决策制度主要包括决策制度原则和决策会议制度两个方面。

1. 决策制度原则

社会团体都应该按照民主集中制规则，在全面沟通之后进行选举。条件特殊的社会团体，可以经过竞争选举产生会员代表、理事、常务理事、会长（理事长）、选任制秘书长等。

2. 决策会议制度

社会团体民主决策制度由一系列会议组成：①会员大会或会员代表大会；②理事会、常务理事会、监事会；③会长（理事长）办公会议。

（三）日常管理制度

为了充分发挥社会团体的作用，加强社会团体的自身建设，构建社团优质发展长久维持的体制，社团应该完善日常管理体制。

二、内部治理结构

体育社会团体内部治理结构，涉及诸多的内容，包括谁行使权力、谁对重大事务负责、日常事务由谁来决定、相应的监督机制等，其中比较重要的是权力机关、领导机关、执行机关、分支机构、代表机构、监督机关六个方面。

（一）权力机关

权力机关是社会团体最高的决策机关，决定社会团体的重大事务，在社会团体活动中发挥着非常重要的作用。

会员大会涵盖了社团组织的所有会员，主要指团体会员、个人会员或名誉会员。如果社会团体的规模小，会员的数量比较少，召开会员大会比较容易，操作性强，规模都比较大，所以召开会员大会有一定的难度。

社会团体的规模大小与社会团体的会员多少往往成正比，对于规模较大、地域层级较高的社会团体，一般采取会员代表大会。

在没有会员大会、会员代表大会的情况下，直接设置理事会，履行权力机关的职责。这种情况非常特殊，在一般情况下不采用。

（二）领导机关

社会团体的领导机关由会长（理事长）、副会长（副理事长）、秘书长三方面的人员组成。

（三）执行机关

秘书处下设相应的职能部门，在理事会（或常务理事会）下设置专业委员会，设置会长办公会，这三者都有可能成为社会团体理事会（或常务理事会）的执行机关。有的社会团体三者都有，有的社会团体只有秘书处，有的社会团体只有秘书处、会长办公会或专业委员会。

理事会下设的专业委员会是社会团体的二级协会，不具有独立的法人资格，但它可以在相应的业务范围内吸纳会员，召开会议，有一定的独立性。

社会团体可根据自身工作的需要，设置会长办公会。一旦设置会长办公会，它往往成为社会团体具体事项的执行机构，讨论决定社会团体的日常事务，但不得对社会团体人事、财务等问题进行决策。

（四）监督机关

为了确保理事会以及常务理事会可以正确有效地实行会员大会和会员代表大会所制订的相关决议政策，领导机关能够做出正确决策，执行机关高效率地执行决策，合法合理地实现社会团体的宗旨，就需要有一个监督机关，监督理事会、常务理事会、领导机关、执行机关的行为，避免失误，纠正偏差，提高效率。

三、内部治理制度完善

对于会员大会和会员代表大会的召开来说，通过章程属于一个非常关键的步骤，从社团组织的角度来讲，具体的章程应该涵盖了如下事项。

（一）社团的名称、住所

每个社团的称谓都可以将社团自身的特点显示出来，在应用的时候必须达到规范的标准，并含有英文称谓和缩写形式。全国类别的社会团体能够加印“中国”“全国”“中华”等相关文字。但是地方类别的社团不能使用这样的称谓。社团组织的称谓，不应该应用已经由社团登记管理部门明确规定予以消除的社会团体组织的称谓。住所属于团体主要办事部门的区域地点，一个社团的办事地点仅有一个。

（二）社会团体的性质

社会团体的性质是学术类、行业类、专业类和合作类的，不但具备全国属性，还具备地方性质。与此同时，团体制度一定要表明社团的非营利属性。

（三）宗旨、业务范围和活动地域

社团的目的，也就是社团的宗旨。因为业务领域不一样，社团的宗旨也是不一样的。可是两者具备一个相同点，就是对国家法制法规的遵守，对相关政策的遵守；活动地域指的是社团活动的固定区域。详细地说，有能够在全国领域里进行活动的社团；有在某个特定区域活动的社团；还有不同行政领域的社会团体。

（四）会员的种类、入会条件和入会程序

会员包括个人和单位两种类型。成为会员的条件为：了解这个社团的制度、有加入社团的愿望、对社团的制度持赞成态度、具备业务能力等。

成为会员的步骤为：递交申请、会议讨论、审批通过等。

（五）会员的权利和义务

某个成员参加某个社会团体，成为团体的内部成员，不但具备应有的权利，还要对相应的义务负责。会员的权利包括选举和被选举权，还包括表决权，以及对本团体工作的评价建议权利，同时也包含了监控管理的权利、服务优先的权利、自愿成为会员的权利以及退会不受限制的权利等。会员的义务包括：实行这个社团的决议、维护该社团的合法权益、完成该社团交办的工作、按规定交纳会费等。假如会员有一年的时间没有缴纳会费，或者没有进行团体活动，这位会员将会被自动退会。假如会员做出了严重违背章程的事情，经过相关决策会议公平公正的表决之后，对该会员实行除名处理。

（六）民主的组织管理制度

所谓民主的组织管理制度，指的是保证社会团体中所有成员可以全面使用民主权利、展现统一愿望，具有束缚力的规则和机制，属于社团民主管治、民主决策特点的重要表现。民主的组织管理体系一般需要包含对组织机制的形成过程及其职能权力、组织部门彼此间的互相关联、民主议事原则及环节的规定。

（七）资产的管理和使用原则

社会团体的资产包括货币和实物两种形式。资金的管理情况如何，对社团是否会健康发展具有直接的影响。所以，应该加强对社团资金的应用和掌管。这一层面应该做到：资金来源合法；资产应用和本社团的目的和规定相符合；资金不能在会员之间应用；会员大会和代表大会及其相关部门对其进行监督。如果社团进行相关变更，一定要接受登记管理机关单位和业务主管单位在财务方面的审查合计。

（八）社会团体的章程修改程序

通过理事会一致表决，最终通过，上报给会员大会或者上报给代表大会进行审议；并在大会表决通过之后的半个月之内，在业务主管单位批准的情况下，上报登记管理部门审核批准，最终生效。

社团达到目的或自主解散或因为拆分及合并等原因应该进行注销的，经由理事会和常务理事会提出终止协议，经过会员大会或代表大会一致表决，并通过主管单位的审批，由登记管理部门办理注销登记手续。

社团终止以前，应该在业务主管部门和相关机关的指引下，有业务主管单位的相关人员组成结算团队，对债权和债务进行处理解决。社团终止以后，剩余财产应该用在社团的宗旨有关的事务上面。

第五节 我国体育社团管理机制的改革与创新

当前中国特色社会主义进入新时代，对我国体育事业的发展提出了崭新的要求。中国共产党提出加快推进体育强国建设的号召，中国体育又站在了一个新的历史节点，努力实现建设体育强国是党中央、国务院赋予广大体育工作者的光荣职责和神圣使命。然而，体育领域改革创新与建设体育强国的总体目标仍不相适应，人民群众日益增长的多元化、多层次体育需求与体育有效供给不足的矛盾依旧突出，一些长期制约体育事业发展的薄弱环节和突出问题依然严峻。尤其是当前我国体育管理体制存在管办不分、政社不分、事社不分的弊端，很大程度上遏制了体育发展活力，导致体育发展市场化、社会化水平不高。为此，党的十九大报告提出：发挥社会组织作用，实现政府治理和社会调节、居民自治良性互动。因此，当前改革我国体育管理体制机制势在必行，尤其创新体育社团管理机制改革更是提上日程。

一、我国体育社团管理机制改革的全面推进

改革开放以来，随着我国整体性社会正在面临着解构，面对多元化的社会需求，对社会组织发展壮大提出了迫切的要求。当前国家与社会关系调整推动体育社团管理机制的变革。近年来，中央出台了一系列关于促进社会组织发展的新政策、新精神，为推动体育社团建设与管理工作指明了方向。

一是推进体育运动项目协会实体化改革。1993年5月24日原国家体委发布《国家体委关于深化体育改革的意见》，提出实行政事分开，将大量事务性工作交给事业单位和社会团体。加快运动项目协会实体化步伐，建立具有中国特色的协会制。

二是体育社团管理机制的法治化改革。1995年8月29日通过《中华人民共和国体育法》，提出鼓励、支持体育社会团体按照其章程，组织和开展体育活动，推动体育事业的发展。这是新时期第一次以立法的形式界定体育社团的性质功能，这也标志体育社团的管理机制进入法治化时代。1998年10月25日《社会团体登记管理条例》发布后，2001年9月24日国家体育总局出台《全国性体育社团管理暂行办法》，强化体育社团注册体制以及社团

主管部门体制，这也标志我国体育社团的管理开始进入双重管理体制阶段。

三是推动体育社团与体育行政机关的脱钩制改革。新阶段全面深化改革提升为党和国家推进事业发展的重要日程，推动治理体系和治理能力现代化。2015年8月7日《中国足球协会调整改革方案》发布，推动中国足协与体育总局脱钩。2015年11月根据行业协会商会脱钩试点名单的通知，中国体育用品联合会、中国体育场馆协会等共计14家全国性体育协会与国家体育总局脱钩。2017年1月5号国家体育总局足球运动管理中心在正式注销。这也意味着中国足协成为了独立的社团法人，去行政化迈开了实质性一步。中国篮协的改革也正在全面推进，2017年4月1日起中国篮管中心与篮协也完全脱钩。这些改革举措表明体育社团管理机制已经正在发生深刻变化，这也标志着体育社团改革管理机制改革进入快车道。

二、我国体育社团管理机制改革的基本特质及其运行逻辑

体育社团管理机制是一个系统，有许多子系统及其机制，包括体育社团管理的运行机制、动力机制以及实现机制等。在体育社团管理工作中，体育社团管理不仅应注重具体制度的创新，更应注重机制功能的创新。综观新时期我国体育社团管理实践，不难发现其在管理机制方面的一些基本特质。

（1）从社团管理的运行机制来看，我国体育社团管理改革正经历由“政府选择”向“社会选择”转变。在现实体育社团管理中，长期以来一直存在结社自由与社团管理矛盾，一业一会与一业多会的矛盾，虽体育社团具有自治社团或独立法人的外观，但实质是政府在运作，从而出现了较为明显的组织形式与实际运作逻辑的背离。新阶段体育社团管理机制改革的大幕已经拉开，创新管理理念，推进政社分开、管办分离提上日程，促进体育社团管理的社会化。

（2）从社团管理的动力机制来看，我国体育社团管理改革从被动到主动有序推进。体育社团管理动力机制关系到体育社团管理改革的成败，然而总的来说，我国体育社团管理机制是在整个社会发育极不完善的情况下形成的，通过“分级管理”方式来避免管理的缺失和无序。在推动体育管理水平创新进步的同时，一些传统观念和做法的根深蒂固让体育社团管理呈现出协调性不足的特征。体育社团尤其各种体育协会改革的动力不足，主管单位愿不愿意让其真正“脱钩”的问题，这必然影响到改革真正见到实效。近几年来，随着我国体育社团“脱钩制”改革试点得以全面推进，不断激发体育社团活力、提升体育社团改革的自主性。

（3）从社团管理的实现机制来看，我国体育社团管理改革相关制度安排的实现效果不断优化。管理机制研究的核心问题，是科学设计和安排管理制度。传统体育社团实现机制是在“政府选择”下产生的，这种体育社团管理体制性不足主要体现在管理部门多重身份导致责任不清以及实际监督体制的不够完善。新时期创新体育社团管理实现机制，需要不断调动社会力量参与体育政策措施制订完善，约束体育行政部门权力、划清权力界限。充分发挥体育社团对发展我国体育事业、增强人民体质、改善群众体育健身氛围、增进社会和谐方面起到越来越重要的作用。

建立科学有效的管理机制，不仅应注重具体制度的完善，更应注重各种模式的合理运用。具体来说，当前我国体育社团管理机制正在从传统行政化向市场化与社会化转的运行逻辑转变。在传统体制下，由于体育社团大多按照政府发展体育的需要构建，因而呈现“自上而下”生成逻辑和运行特征，政府垄断了社会的全部体育资源，包括体育人才、体育场地设施、资金等有形资源和体育的机会，能力、技术、知识信息等无形资源，[1]体育社团有明显的“路径依赖”，名义上是“民间组织”，被赋予极其重要的功能定位，但在实质上是在政府行政化运作。随着社会主义市场经济发展的需要，我国体育社团管理机制开始适应市场化运行需要，包括引入竞争机制、强化市场选择机制等，也是新时期培育和发展体育社团的必经之路。倡导体育行业协会“一业多会”，通过竞争机制承接政府职能的转移和政府购买服务。当前体育领域全面深化改革正在如火如荼地展开。推动政府转变职能，实行政事分开，把一些事务性工作交给体育社会组织，工作重点逐步转移到宏观管理上来。体育社团管理机制因此正经历由“政府选择”“市场选择”向“社会选择”转变的发展机遇，由国家办转变为以社会办为主，满足了人们不同层次的体育需要。特别是治理理念下强调体育管理主体的多元化、转变政府职能等因素，改变一些体育社团只有行政性而无社会性的职能定位，加强与运动项目爱好者和社会公众的关系，实现政府体育管理部门与体育社团关系从服从型向互补型的转型。

三、当前我国体育社团管理机制改革面临的问题和挑战

（一）行政机关对体育社团管理尚未形成有效协同机制

1998年《社会团体登记管理条例》和2001年国家体育总局出台《全国

[1] 卢元镇. 体育社会学[M]. 北京：高等教育出版社，2001:115.

性体育社团管理暂行办法》发布后，行政机关对体育社团管理开始出现双重管理的局面。然而，落实体育社团的登记管理机关和业务主管机关之间的管理协同却非易事，在管理实践中有时难以很好实现。体育社团准入设立后，由于登记管理机关和业务主管机关管理职责交叉和模糊地带较多，监管职责的过于原则性，造成管理上的职责不清，甚至导致相互推卸责任。体育社团业务主管机关体育政府部门存在“既监管又办理”，导致干预多于管理。由于管理职责规定原则性过强，弹性过大，业务主管单位和登记机关自由裁量权都很大，责权不统一，因此在实际管理中以放任为结果，该管未必能管好，对体育社团管理尚未能形成有效协同。

（二）我国体育社团监管以及自律机制尚未真正构建

在当前的体育社团管理机制改革中，大部分体育社团因过去没有实体化的独立运行，只是应付性、象征性地有着章程等基本性制度规则文件，造成对体育社团监管以及自律机制尚未真正构建的局面。新时期提出体育社团脱钩以及直接登记制改革，又给体育社团管理带来新的困惑，要有一系列建章立制的工作要做，否则体育社团的活动也可能背离章程或违法乱纪，出现以往“一管就死、一放就乱”的现象。2014年11月中央国家机关巡视组《关于对国家体育总局落实中央八项规定精神专项巡视情况的反馈意见》指出国家体育总局直属单位行政、事业、社团、企业四位一体的弊端，体育部门存在商业开发涉嫌关联交易和谋私。脱钩不代表要脱管，体育社团的运行离不开有效监管。同时，还需完善内部治理，形成体育社团自律机制，才能真正自治自律。

（三）推进体育社团管理机制法治化进程的严重滞后

从现在体育社团的实际情况看，现有的社团管理法律框架还比较粗线条，且很不完善。首先，我国体育管理中对体育社团应有权利义务的法律支持不够，尤其是体育社团在体育治理中的职能定位不够明晰，体育社团和管理部门的权力边界规范缺乏，导致权责利无法很好界定，体育社团自治权力界限不清，合法权益往往也无法保障。其次，对新阶段我国体育社团管理机制的改革新做法、新举措相关法律支持不够，尤其新阶段对落实推进部分体育社团脱钩和推进一些社团直接登记的相关法律亟待完善。“脱钩”改革后，相应的制度供给明显不足，无法满足体育社团运行和管理的需要。

（四）对体育社团管理机制改革重要性的认识存在观念偏差

现有体育管理机制是“举国体制”下形成的，重视竞技体育，忽略群众体育的发展。在“举国体制”的组织结构中既得利益的群体不可能轻易地认同新体育社团管理的价值观念。鲍明晓提出：“中华全国体育总会、中国奥委会、体育科学学会以及它们下属的各类运动协会，改革的步子慢、总体效果不彰”。[1]归根结底，就是政府部门传统观念保“自身”的影响。体育社团管理机制改革提倡“政府主导型权力转移”，但权力转移也会出现积极与消极之分。“脱钩”改革的内动力明显弱于来自中央和社会（包括学术界）的外动力，是被动式而非主动式的，对此我们必须有清醒的认识。改革是一个整体，需要关注相邻领域改革的进展，而不能一味埋头搞“独狼”，还要将体育社团管理机制相关改革纳入我国整体改革进程中来。

（五）建构和完善我国体育社团管理机制的实现路径

当前完善我国体育社团管理机制改革，就是要坚持从体育社团发展实际出发，充分把握社团管理工作的客观性、系统性、能动性原则，不断推动建构科学高效的体育社团管理运行机制、动力机制以及实现机制等。

1. 优化我国体育社团管理的运行机制

优化体育社团管理，离不开建构一个高效合理的运行机制。改变传统比较单一的体育社团管理行政化的运行模式，面对社会的多元化、体育社团改革的新形势，全面倡导多种运行机制的有效协同。首先，完善体育社团管理工作组织领导机制至关重要。各有关管理部门要有“一盘棋”的大局意识，管理职能由微观管理逐渐转为宏观管理，管理手段将由主要依靠行政手段逐渐转为主要依靠法律手段。其次，坚持体育社团管理机制法治化运行。体育行政部门应及时清理废止一些过时的体育社团管理制度，不断完善和制订适应新形势、新任务的社团管理制度，及时出台“体育社团管理法”。再次，要建构体育社团运行的合理竞争机制。

要打破传统，引入市场化运行特有的竞争机制、风险机制、激励机制，优胜劣汰，让体育社团发展适应市场经济的时代要求。最后，要提升体育社团运行的社会自治机制。体育社团增强自身的能力是社团适应公民社会选择的需要，也是政府适应社会选择的需要过程。

当前我们这一轮体育社团管理改革的总体要求是要实现“五脱钩”，但由于我国体育社团生成的社会基础和西方迥异，这些决定了社团管理改革必然是走具有中国特色的自治之路。

2. 完善我国体育社团管理的动力机制

组建社团的动力贯穿于体育社团生长过程的始终，它代表着组织者、领导者以及成员的期望，并被转化为组织的目标和行为准则，体现在体育

[1] 鲍明晓. 社会主义初级阶段我国社会办体育的基本特征研究[Z]. 国家体育总局软科学课题，2000:2.

管理的组织结构、权力资源、经济资源和功能发挥等各个方面。提升体育社团管理和治理能力，要在体育发展与国家、市场、社会关系等各方面全面深入改革，在改革中找到新的发展动力，尤其要强化来自民间的推动体育社团管理改革的动力，自下而上的动力和来自政府的自上而下的动力相结合，否则改革也难以触动。这就要求在改革中要妥善运用法律、行政、社会、道德的手段和力量，处理好各种社会关系，畅通和规范各类社团管理主体诉求表达、权益保障、互动协调的渠道，以调动各方面的积极性。要充分兼顾各方的“既得利益和预期利益”，努力争取“非零和”的政策收益。增强体育社团在管理机制改革中的权利意识、参与意识、责任意识，并通过优化考核评估机制、奖惩激励机制、互动协同机制，激发政府部门推进体育社团管理改革的基本动力。

3. 健全我国体育社团管理的实现机制

建立完善的培育机制、进入退出机制、严格的监督机制和自律机制，才能不断优化我国体育社团管理的实现机制。优化体育社团发展培育机制，要在体育管理转型中，加快转移职能事项，加大购买服务力度，建立健全劳动人事、税收优惠、社会保障、资金支持等专项扶持政策，不断营造有利于体育社团发展的政策环境。优化社团进入退出机制，让社区性的体育社会组织可以由街道办事处（乡镇政府）实施管理，或在街道（乡镇）成立社区社会组织联合会，并进行备案，赋予他们进行体育活动的合法身份，也可以纳入单位或者基层群众性自治组织，让这些组织能够看得见、管得住，也管得好。对严重违反国家有关法律法规的体育社团，要依法吊销其登记证书；对未经许可擅自以体育社团名义开展活动的非法体育社团，依法予以取缔。

优化社团综合监督机制，要完善事前管理、事中控制、事后监督相结合的整体协调模式；完善体育社团综合监管办法，管理好人员，管理好财物，管理好行为，为脱钩和直接登记体育社团进行综合监管提供依据；建构社团全面自律机制，完善体育社团自律管理和信息披露制度；推进信息公开，引入社会监管，让体育社会团体运行在阳光下；建立健全体育社团法人治理结构和完善的内部治理机制，规范内部治理、完善治理结构。

第六章
体育基金会的建设与管理

近年来我国体育基金会发展速度加快，但分布不均衡；即使这样也一直努力成为具有公信力的公益平台。本章对我国体育基金会的发展现状、内部治理、社会影响及存在的问题进行研究，旨在推动我国体育基金会的发展完善。

第一节　体育基金会的基本理论

一、概念界定

“基金会，是指利用自然人、法人或者其他组织捐赠的财产，以从事公益事业为目的，按照本条例的规定成立的营利性法人。”体育基金会是基金会的一种，根据2004年《基金会管理条例》（以下简称《条例》）对基金会的定义，可以将体育基金会定义为利用自然人、法人或者其他组织捐赠的财产，以从事体育公益与体育慈善事业为目的的非营利性法人。

我国体育基金会大致可以划分为三种类型，即面向公众募捐的公募体育基金会、不得面向公众募捐的非公募体育基金会和境外体育基金会。其中境外体育基金会主要包含国际组织在华机构境外资助型的私人基金会、名人基金会。而公募体育基金会按照募捐的地域范围，又分为全国性公募体育基金会和地方性公募体育基金会。

二、特点

作为非营利体育组织，体育基金会具有以下特点。

（一）组织性

体育基金会必须是一个正式的合法组织，在一定程度上实现制度化，即有规范的名称、成文章程、一定的组织机构及与其开展活动相适应的专职工作人员和必要的工作场地等。

（二）非政府性

体育基金会不是政府机构或政府的附属机构，在决策体制、治理结构和运作机制上都与政府机构有着本质的区别。体育基金会是独立承担民事责任的法人主体，是民主治理、公开透明的社会组织，并且具有一定的非垄断的市场竞争性，属于追求核心竞争力、在市场中面临优胜劣汰的实力组织。

（三）公益性

公益性是体育基金会的本质属性，也是体育基金会设立的唯一目的。主要表现为：首先，体育基金会的资产源于公益捐赠，因而也必须服务于社会公众；其次，体育基金会有明确的公益宗旨，其项目是为了满足一定的社会需要而非少数人的需求；最后，体育基金会有明确的公益用途，其受益对象应为不特定的个人和群体。

（四）非营利性

非营利性也是非营利体育组织的本质属性，主要表现为组织宗旨的非营利性、组织利润的“非分配约束”以组织资产的非营利财产保全机制。对于体育基金会而言，不仅要求基金会的捐赠人、理事会成员和实际受托管理者不得从基金会的财产及运作中获利，还要求基金会在其决策、执行和监督的各个环节都要具备有效规避较高风险与较高回报的自我控制机制，以及避免用利润和收益作为激励手段的管理规则。

（五）基金信托性

相对于其他非营利组织来说，基金会最显著的特点在于它是否是以捐赠为基础而形成的公益性财产集合，基金会在本质上是一种信托关系，是捐赠人、受托人体育基金会现状、问题与政策建议和受益人之间围绕公益财产达成的公益信托。对于体育基金会而言，需要注意以下方面：一是须建立并维持良好的诚信和信力，遵循捐赠人的意愿和公益宗旨提供公益服务，努力保证受益人满意；二是须注意资产的筹集和管理运作。体育基金会不仅登记时面临一定的原始基金数额门槛，而且在基金会运作中也须注意实现财产的保值增值（譬如，年末总资产相较原始基金数的扩大倍数是判断基金会活跃程度的指标之一）；三是基金会的运作必须公开透明，接受社会各界的监督，其利用捐赠的资源所产出的公益产品应该是对公众公开的，至少应面向其宗旨和业务范围内人群最大限度公开。

除以上特点外，我国体育基金会还具有以促进体育事业发展为宗旨，主要借助体育界的力量筹集善款和开展公益事业等特点。

三、功能作用立形

公益慈善事业作为社会主义市场经济条件下的“第三次收入分配”的主要渠道，对于弥补市场失灵、调节收入差距、提高社会保障能力、促进社会公平与和谐发展有着重大意义。党中央国务院向来重视公益慈善事业。党的十六届四中、五中、六中全会提出，应“健全社会保险、社会救助、社会福利和慈善事业相衔接的社会保障体系”“支持社会慈善、社会捐赠、群众互助等社会扶助活动”，并要求“发慈善事业，完善社会捐赠免税减税政策，增强全社会慈善意识”，“十五”规划建议提出加强社会福利事业建设，完善优抚保障机制和社会救助体系，支持社会慈善、社会捐赠、群众互助等社会扶助活动。

民政部副部长顾朝曦指出，作为从事公益事业的社会组织，我国基金会的主要任务在于维护社会公平正义与弘扬社会公益文化，同时以其在同时利用体育基金在人民群众的具有较高公信力这一优势，支持我国社会公益事业，减轻财政负担，完善公共服务，传播公共理念，弘扬公益慈善文化等。对于体育基金会而言，由于体育运动在世界范围内具有广泛的影响力，体育明星在社会中也有着强大的号召力，因此体育基金会可以借助体育运动、体育明星等相关体育资源，发挥其独有优势筹集资金，引导和带动社会公众重视并参与体育公益慈善事业，为社会体育事业、学校体育事业和竞技体育事业的发展提供人力、财力和物力支持。

一般体育基金会或其他基金会下的体育类基金都有内部的章程，其中阐明了各组织所关注的重点和帮助的领域。

（一）培养扶持竞技体育人才

体育基金会对竞技体育人才的培养扶持主要表现为以下几个方面。

（1）对现役运动员、教练员设立奖励基金，对运动队训练、比赛提供补助等。例如，曾宪梓体育基金会于2008年9月设立。当时曾宪梓捐赠了一亿港币，原定是奖励北京奥运会、伦敦奥运会、里约奥运会和第32届奥运会上夺取金牌的中国内地运动员。每届的奖金为2500万港币左右。杭州陈伯滔体育发展基金会则主要是对在国际、国内大赛中获得优秀成绩的杭州籍运动员和教练员进行奖励，并于2006年制订了旨在对生活贫困的优秀运动员和经费缺少的优秀运动队进行资助的“援助计划”。截至2016年，陈伯滔体育基金会的公益支出排名2386，2014年、2015年、2016年公益支出分别为114.15万元、111.54万元、69.46万元。

（2）补充完善我国现行运动员保障体系。主要体现为对伤、病、残运动员、教练员体能康复及后续生活提供保障，以及对退役运动员、教练员进行学历、技能、创业培训，帮助其再就业。例如，中华全国体育基金会于2001年初拟定了《优秀运动员伤残互助保险暂行办法》，并受国家体育总局委托具体负责伤残互助保险工作；又于2009年接受国家体育总局专款设置“中国退役运动员创业扶持基金”，推动运动员保障体系建设，鼓励和资助体育基金会现状、问题与政策建议运动员退役后自主创业，服务社会。

（3）培育有发展有潜质的青少年运动员。例如，中华全国体育基金会设立了针对我国西部12个省份体校学员的“西部地区青少年体育助训”项目，对革命老区、经济欠发达地区县级体校和传统体育项目学校给予扶持资助的“革命老区等县级体校体育助训资助”项目等。浙江省体育基金会也设立了“冠军摇篮”项目和“未来之星”项目，以因办学条件相对困难，训练设施、器材匮乏，并具有良好人才培养效益的浙江省各级各类体校和业余训练单位及从事业余训练，并在浙江省体育局注册的青少年运动员为资助对象，以加强体育后备人才培养。

（二）关注和支持群众体育建设

我国体育基金会对群众体育的关注和支持主要表现为以下几个方面。

（1）关注青少年体育事业的发展。我国体育基金会主要通过援建学校体育场地、捐赠体育器材、开展青少年体育比赛、对青少年进行体育教育等方式，增强青少年体质，促进青少年身心健康成长。

（2）推动老年体育文化的发展。我国体育基金会从一开始就将老年体育文化列为工作的重要组成环节。江苏省发展体育基金会从为老年人群体提供健身宣传服务平台、加强体育场地设施建设、组织积极开展活动等方面着手，于2009—2012年与省老年人体协共同实施"乐天·夕阳红计划"；江省体育基金会与省老年人体协共同实施的"常青工程"计划，为老年人提供健康健身宣传服务平台、积极资助老年人体育场地设施建设和积极组织开展并资助各项老年人体育健身活动，旨在通过开展一系列有组织、有策划、有效果的老年人健身活动和相关工作，提高全省老年人的健身水平。

（3）资助社会体育活动和体育赛事，支持培育体育项目，扶持体育俱乐部和协会。例如，上海市体育发展基金会与上海市体育局直接主办的"环上海公益骑行活动"就是一项健康和公益相结合的大型品牌活动，每个参与队员可通过发动身边的力量，在限定时间内为上海市体育发展基金会的公益项目募捐款项，从而将公益慈善行动引入社会群众践行活动之中。

体育基金会与体育俱乐部及体育协会之间也保持着良好的合作互动，如电子竞技俱乐部与上海市体育发展基金会合作设立国内首个电竞公益专项基金，旨在帮助贫困地区学校改善电脑教育环境。江苏省发展体育基金会和浙江省体育基金会分别于2013年和2015年以资金和物品的形式资助江苏省和浙江省老年体育协会，以支持老年体育活动的开展。

（4）资助体育学术研究，推广体育文化，促进体育交流。例如，萨马兰奇体育发展基金会一直以促进国际体育文化交流为宗旨，自2013年起每年以萨马兰奇奖学金的形式资助中国有潜质的青少年到西班牙训练进修网球、足球等体育项目或学习与体育相关的学科，出资编撰萨马兰奇官方传记并拟以西班牙文、中文和英文在全球发行。

第二节　体育基金会的发展

一、体育基金会发展概述

中华人民共和国最早的基金会出现于1981年，当时全国共有7家基金会。我国最早的体育基金会则是1986年于成都成立的四川省发展职工体育基金会，属于非公募基金会。

1988年国务院出台了《基金会管理办法》（以下简称《办法》），作为中华人民共和国第一部关于基金会的行政法规，《办法》的出台标志着我国基金会发展和管理工作进入了法制化的轨道，但由于《办法》相对简略，对于基金会的组织形式等很多问题并没有予以规范，以至于2004年以前全国基金会发展速度较为缓慢。当时的基金会主要为公募基金会，占基金会总数80%以上。1986—2000年，我国一共只成立了15家体育基金会，包括2家非公募基金会，其中1995年由香港华兴集团董事长陈伯滔先生发起和捐赠的非公募基金会杭州市陈伯滔体育发展基金会”则是最早成立的名人体育基金会。2004年出台的《基金会管理条例》（以下简称《条例》）是基金会管理制度的重大改革。《条例》对基金会实施分类管理，将基金会划分为公募基金会和非公募基金会，允许企业、个人发起成立并以个人名义命名非公募基金会，同时将境外基金会纳入国内基金管理的法律范围，并在基金会财产的管理与使用、政府与社会对基金会的监督管理等方面做了明确规定。《条例》的颁布使得我国基金会进入了快速发展时期，数量明显增加（尤其是非公募基金会发展迅速），规模不断扩大，运作日趋成熟，作用日益凸显。在体育领域主要表现为：首先，非公募体育基金会数量显著增多，基金会中心网2015年12月9日的数据显示，公募体育基金会共有27家（包括关注体育领域的中国教师发展基金会、河南省青年发展基金会和北京奥运城市发展基金会等），非公募基金会则为28家（包括关注体育领域的广西李宁基金会、桃源居公益事业发展基金会、广东省绿景慈善基金会、广东省中庆文体慈善基金会、深圳市朱树豪纪念慈善基会、江西省煌上煌爱心基金会、广东省何享健慈善基金会等）；其次，各类县级的体育基金会、名人基金会、企业基金会纷纷涌现，各专项体育基金会也获得发展机遇，除1992年成立的专项体育基金会“北京围棋基金会”之外，如自行车、高尔夫、网球、足球等项目都成立了专门的基金会。从整体来看，我国基金会的发展在地区上普遍存在差异，我国体育基金会的分布也极不均衡，主要集中在东部和中部地区，西部则相对较少。这一现象的表现主要与各地的具体政策、地区发展倾向、文化传统、经济实力等因素有一定的关系。

二、体育基金会的发展现状

（一）组织人员

1. 组织形式

基金会须先获得所在行业业务主管部门的审批，才能到民政部门登记管理机关申请登记，即“双重管理”体制。在这一体制下体育基金会的登记管理机关是国务院的民政部门和省、自治区、直辖市人民政府的民政部门，主要负责对体育基金会实施检查，并监督其非营利性、公益性及对《条例》的遵守情况。体育基金会的业务主管单位与登记管理机关平级，是与体育基金会活动领域相关的政府部门，主要负责指导、监督体育基金会开展公益活动等，对体育基金会业务方面指导和管理承担着很大的责任，常常代替基金会的理事会做出重要决策。

2011年11月，广东省民政厅提出，从2012年7月1日起，除特别规定、特殊领域外，将社会组织的业务主管单位改为业务指导单位，社会组织直接向民政部门申请成立。这是我国率先提出摒弃社会组织“双重管理”实现直接登记的地方改革方案。2013年12月民政部负责人指出，实施行业协会商会类、科技类、公益慈善类和城乡社区服务类四类社会组织的直接登记工作，要在社会组织的登记管理上取消不必要的审判流程，下放权限；已经成立的体育基金会，将按照修订后的《基金会管理条例》依法有序地完成与原有业务主管单位的脱钩过渡。

2. 组织结构

我国体育基金会的决策机构是理事会，根据《条例》理事为5～25人理事任期由章程规定，但每届任期不得超过5年。理事任期届满，可以连选连任。理事会设理事长、副理事长和秘书长，从理事中选举产生，理事长是基金会的法定代表人。理事会聘有顾问团，包括法律顾问团和专家顾问团。理事会下设秘书处，秘书处负责管理、协调各部门开展工作。秘书处下设的部门有办公室、财务部、项目部、管理部、公共关系部。此外，体育基金会还设有监事会，监事任期与理事任期相同，该部门依照章程规定的程序检查基金会财务和会计资料，监督理事会遵守法律和章程的情况。

（二）资产运营

1. 收入

体育基金会的收入大致包括捐赠收入、政府助收入、投资收入、服务收入和其他收入。

（1）对于公募体育基金会而言，由于可以在一定地域范围内向公众公开募捐，因此收入来源主要是捐赠收入、政府补助收入和投资收入。其中捐赠收入大部分来自境内，以中国奥林匹克委员会、各运动项目管理中心、国内知名企业和社会团体的捐赠以及知名运动员的个人捐赠为主。一般而言企业的捐赠占较大比例，个人捐赠相对分散且单笔金额较小。

政府对于公募体育基金会的补助主要以项目委托、购买服务、直接拨款等形式实现。我国的公募体育基金会通常是由政府推动成立，因而很多业务主管单位会以直接拨款补助等方式支持。从原始基金的本金来看，我国公募体育基金会普遍资产规模较小，全国性体育基金会原始基金一般为800万～1000万元的投入，省级基金会大多为400万元的投入。很多公募体育基金会由于本金较少，且尚不具足够的社会影响力和开展活动的经验，难以依靠自身力量募集捐款来维持基金会运转，因此仍旧需要政府不断以委托方式进行资金投入来推动基金会的生存与发展。另外，政府也可以通过购买服务的方式，由体育基金会组织志愿者完成工作并获取服务收入。

投资收入是指体育基金会对闲置资金进行投资所获得的收益。国家对于体育基金会现状、问题与政策建议以及基金会投资，鼓励和支持态度，即允许基金会将资金存入金融机构收取利息，或购买债券股票等有价证券。

（2）对于非公募体育基金会而言，因为不得向公众进行募捐，且来自政府的补贴较少，因而资金来源的渠道相对公募体育基金会而言更为狭窄。主要依赖创办基金会的企业或个人的持续性投入，以及特定的慈善家、名人企业家或商业组织等自然人、法人或企业等定期、不定期捐赠。

2. 支出

体育基金会的支出包括业务活动成本、管理费用、筹资费用和其他费用。其中业务活动成本和管理费用是体育基金会的主要支出。业务活动成本是指体育基金会“为了实现其业务活动目标、开展其项目活动或者提供服务所发生的费用”，其中绝大多数是公益事业的支出，即公益支出。管理费用则是体育基金会为组织和管理其业务活动所发生的各项费用总额，主要包括行政办公费用和人员工资福利。体育基金会的支出主要用于公益支出、行政办公费用和人员工资福利。

体育基金会的公益支出通常以体育基金会组织章程规定的业务范围或

捐赠人的意愿为依据，一般用于发展各类体育事业。从近几年我国体育基金会的公益支出情况来看，大体上都符合《基金会管理条例》。但必须注意的是如果体育基金会的公益支出过高而资金增值水平较差，就会影响基金会的运作能力和长远发展。

《基金会管理条例》对于基金会人员工资福利和行政办公费用的规定："基金会工作人员工资福利和行政办公支出不得超过当年总支出的10%"，这一规定用于约束基金会的运作规范性及高公益资金的使用效率，但并不意味着管理费用越低越好，应根据基金会的运作类型和具体情况而定。实践中，我国体育基金会的支出比重不仅与基会的运作是否规范有关，也与基金会的规模和公益支出数额密切相关。如果体育基金会规模小、资金来源有限、公益支出数额相对较少，也会导致日常运营成本在总支出中所占比重过高。另外，我国公募体育基金会的办公场所、设备等往往由政府部门提供，在一定程度上也可以降低办公费用的比重。

（三）业务活动

按资金使用方式划分，基金会可以分为资助型、运作型和混合型三种。资助型基金会主要是将筹集到的资金用于资助其他组织来运作公益项目；运作型体育基金会则是将筹集到的资金放入基金会，由基金会去运作公益项目，混合型则是兼具以上两种情况。目前我国体育基金会主要是运作型体育基金会。

体育基金会的业务活动主要是开展大型体育公益项目，对体育公益项目实行项目化管理，通过项目的品牌效应扩大社会影响，传播体育慈善的观念，树立体育基金会的良好形象，从而吸引捐赠，增强自身的筹资能力。因而在一定程度上也可以将公益项目看成体育基金会的产品，只有做好项目做出品牌，才能更好地实现体育基金会的组织宗旨，体现体育基金会的存在价值。

我国体育基金会的公益项目所涉及的范围广，包括了前面提及的运动员培养和保障、体育公共设施建设、体育文化交流、体育赛事资助等多个方面。对于体育慈善项目的设计，不同类型的体育基金会有着不同的选择。体育系统的公募体育基金会，主要是指由国家和省级体育政府部门发起设立的基金会，直接隶属国家体育总局或省、自治区、直辖市政府体育部门，并作为其下属的事业单位享受政府体育部门对其运作成本的支持。作为政府体育部门的延伸，体育系统的公募基金会服务对象主要是体育部门直接管理的运动项目、运动员、教练员等，因此在体育公益项目的选择上更倾向于运动项目发展和运动员培养、保障等。例如，国家体育总局主管中华全国体育基金会，在其章程中就明确规定："本基金会财产主要用于：全国优秀运动员伤残互助保险；全国优秀运动员在役奖学金；全国优秀运动员退役助学金；国家队老运动员、老教练员关怀基金。”这些项目的设置符合国家体育总局及其他国家行政部门的文件精神，因而也能得到政府的大力支持。

体育系统外的体育基金会因其独立性较强，所开展的体育公益项目则多为社会性较强的体育赛事支持和群众体育发展。虽然体育系统外的体育基金会尤其是非公募体育基金会往往并不能享受政府体育部门对其运作成本的支持，但也可以通过项目合作的方式，在做好项目规划设计之后，将公益资产拨付给负责执行项目的体育行政部门，依靠体育政府机构的人力物力资源开展工作并降低体育基金会的运作成本。需要注意的是，在这类合作过程中，体育基金会可能会丧失其应有的灵活性和高效性。

第三节　体育基金会发展中存在的问题

一、政府管理因素

（一）政策法规有待完善

根据现有相关政策法规，长期以来我国政府一直在基金会工作实践中扮演着强势监管者和资源主要供给者的角色，尤其是早期的体育基金会中，作为体育政府部门延伸的体育系统，公募基金占比过大。这种做法在基金会发展初期起到过积极作用，但近年来，随着民间公益组织的蓬勃发展，这一做法的弊端也逐渐显现，它削弱了基金会的自治性，在一定程度上压抑了基金会的活力，影响了基金会自身的发展空间也与我国现阶段政府职能转变的趋势相悖。例如，实施已久的“双重管理”体制，不仅使得很多有意成立的体育基金会因找不到业务主管单位而搁浅于注册登记环节，而且在登记注册之后，体育基金会也面临两个管理部互相推卸责任或重复管理的问题。在工作实践中，业务主管机关往往以行政方式直接参与体育基金会内部的经营管理，在一定程度上削弱了体育基金会的非政府性与自治性。

目前体育基金会虽然已经逐渐摆脱“双重管理”体制，可以依法直接向民政部门申请登记，不再经由业务主管单位审查和管理，登记成立的审批权也从省级民政部门下延到县级以上民政部门。但已经成立的体育基金会与原有业务主管单位的脱钩仍需要一个过渡期，并且需要通过修订《基金会管理条例》的方式使之合法化、制度化。

（二）税收体系有待改善

税收是鼓励和规范基金会发展的重要手段。在国际实践中，既可以通过税收优惠激励捐赠人参与基金会活动，又可以作为监督工具，给予规范运作的基金会优惠资格，而对于违规或效率低下的基金会则取消优待。然而我国至今没有确立一套适用于基金会或非营利组织的税收制度体系，对基金会税收的规定零散分布于法律效力层次不同的各类法律、行政法规、部门规章及规范性文件中，这些法规制度相互之间不仅缺乏衔接和统一标准，甚至存在相互抵触相互冲突的现象。

（1）个人和企业对体育基金会的公益性捐赠所得税税前扣除问题。社会捐赠是体育基金会运营资金的重要来源，而公益性捐赠所得税税前扣除在一定程度上影响了社会公众捐赠的积极性。能否享受税收优惠政策以及享受税前扣除比例，在一定程度上决定了个人与企业捐赠资金的流向。目前我国的情况是，企业和个人只有在已经获得公益性捐赠税前扣除资格的基金会捐赠时才能享受所得税扣减。一直以来，我国体育基金会须根据财政部、国家税务总局和民政部下发的《关于公益性捐赠税前扣除有关问题的通知》和《关于公益性捐赠税前扣除有关问题的补充通知》，需要同时向财政、税务、民政部门提出申请，并分别报送申请材料，经民政部初审和三部门联合审核确认后方可获得公益性捐赠税前扣除资格。而大部分的体育基金会并不具备捐赠额税前扣除的资格或者享有的税前扣除比例很低，因而加大了募集资金的难度。

2015年5月14日，国务院发布《关于取消非行政许可审批事项的决定》（以下简称《决定》），提出“在前期大幅减少部门非行政许可审批事项的基础上，再取消49项非行政许可审批事项，而其中第16项即为“公益性捐赠税前扣除资格确认”。因此，财政部、国家税务总局和民政部此前发布的《关于公益性捐赠税前扣除有关问题的通知》和《关于公益性捐赠税前扣除有关问题的补充通知》将被废止或重新拟订，体育基金会将如何获取公益性捐赠税前扣除资格，以及该资格是否仍需要每年认定的问题还需要有关部门的下一步举措。

另外，在2014年11月国务院印发的《关于促进慈善事业健康发展的指导意见》中，除进一步落实企业和个人公益性捐赠所得税税前扣除政策并明确了“企业发生的公益性捐赠支出，在年度利润总额12%以内的部分准予在计算应纳税所得额时扣除；个人公益性捐赠额未超过纳税义务人申报的应纳税所得额30%的部分，可以从其应纳税所得额中扣除”之外，亦提出“鼓励开展形式多样的社会捐赠和志愿服务”“探索捐赠知识产权收益、技术、股权、有价证券等新型捐赠方式”，如股权、证券等新形式捐赠能否获得税收减免，也是今后基金会税收体系中需要解决的问题。

（2）体育基金会的经营性收益能否得到税收减免的问题，在《基金会管理条例》第二十八条中规定："基金会当按照合法、安全、有效的原则实现基金的保值、增值。”根据这条规定的精神，体育基金会可以采用合法、安全、有效的经营性活动来达到基金的保值增值。而《民间非营利组织会计制度》中也规定，体育基金会除了赠收入、政府补助收入和投资收入外，还可以获取提供服务和商品销售等的收入。因此体育基金会的经营性活动是合乎法律法规的，体育基金会通过经营性活动取得的收入可以在一定程度上弥补政府补助收入、捐赠收入与利息收入的不足，所筹集的资金能用以更好地开展体育公益事业。尤其对于非公募体育基金会而言，由于无法直接向社会公众募集资金，因此更加迫切需要对现有资金的保值增值以支持其公益支出，而经营性收入是实现资金保值增值的重要渠道之一。

体育基金会现状、问题与政策建议以及美国税法对基金会从事投资经营行为有明确的规定：基金会从事与其宗旨密切相关的投资经营行为所获得的收益予免税，而对于基金会从事与其宗旨不相关的投资经营行为所获得的收益则收税。这种做法在一定程度上可以解决体育基金会开展公益活动时基金短缺的问题。但目前我国体育基金会的经营性收入均要纳税，缺乏对于经营性收入性质的区分和相关的减免税规定，这就使得我国的体育基金会尤其是非公募体育基金会时常面临资金短缺的问题。按照现行的法律法规，非公募体育基金会将上一年基金余额的8%用于从事章程规定的公益事业支出后，其余的92%就要投入市场运营，而且要平均每年至少实现基金余额9%左右的增值才能维持基金平稳运行，否则基金余额就会逐年减少。每年通过投资运营获取9%左右的增值对于体育基金会而言并非易事，因而这一制度非常不利于体育基金会的可持续发展。

（三）注册资金门槛过高

目前，世界各国对于基金会的注册几乎都没有资金数额的限制，目的就是鼓励普通人（特别是家庭）注册小型基金会，方便家庭（特别是儿童参与捐赠）。但我国《基金会管理条例》第八条规定，全国性公募基金会的原始基金不低于800万元，地方性公募基金会的原始基金不低于400万元，非公募基金会的原始基金不低于200万元；原始基金必须为到账货币资金。这在一定程度上对很多有意成立体育基金会的自然人、法人或组织造成了限制，从而影响了我国体育基金会在数量上的增长。

二、社会资源因素

社会资源方面的问题主要表现为公众与企业对体育基金会关注不够。出现这种现象主要是由以下原因造成的。

（一）体育公益意识淡薄

我国体育公益事业总体尚处于萌芽阶段，社会公众的体育公益意识相对淡薄，大多数人并没有认识到体育公益事业对于社会的重要性，也并不了解发展体育事业所面临的种种困难；再加上很多体育基金会因为各种因素在宣传与组织方面能力不足，尚未建立起足够的公信力与影响力，也欠缺与企业之间的沟通合作，因而更加难以形成全民参与的体育公益氛围。另外，我国传统文化中“财不露白”之类的意识也使得很多人倾向于选隐匿财富或者匿名捐赠。

（二）体育公益领域缺乏榜样人物

虽然李宁、姚明等运动员为体育公益事业做出了相当大的贡献，但就整体而言，公众人物尤其是体育界的公众人物参与体育公益事业的比重仍然较小。据统计，目前我国的名人体育基金会数量非常稀少，截至2014年仅有萨马兰奇体育发展基金会、北京郑凤荣体育文化发展基金会、磐安县周大庆体育发展基金会、深圳张连伟体育发展基金、广西李宁基金会、上海应昌期围棋教育基金会、杭州陈伯滔体育发展基会七家。对此，不能将其归咎于体育界的公众人物及运动员缺乏爱心和社会责任感，而是成立体育基金会的资金门槛过高，而我国大多数运动员收入有限，难免会对于成立体育基金会心有余而力不足。

（三）监管机制不够健全

健全完善的监管机制是体育基金会繁荣发展不可或缺的条件。目前我国的体育公益监管机制并不健全，不仅相关的法律法规不够完善，而且即便是现有的相关法律法规也缺乏可供操作的配套措施，除此之外还缺乏专门对其进行评估监督的机构。监管机制的不足使得公众以获取有关资金运作的信息，导致公众对体育基金会的信任不足，从而一定程度上打击了公众参与体育公益的积极性。

三、体育基金会自身因素

（一）社会公信力薄弱

体育基金会的社会公信力反映了社会对体育基金会的信任及认可程

度，它是体育基金会行为能力的长期沉淀，体现了体育基金会的理念、诚信和具体的服务程度；同时它也是公众对体育基金会的评价，反映了社会大众对体育基金会的信任度以及满意度。体育基金会的社会公信力体现了其能否得到社会的信任，进而直接影响到该基金会向社会公众募集资金的能力，最终决定该基金会是否能够存续发展。

专家认为，当前中国公益慈善组织面临的最大问题不是外部环境的问题，而是内部公信力的问题。要重建慈善组织的公信力，首先应做到信息透明，让捐赠人和社会公众有机会了解慈善资金从募集、运作到使用效果全过程的信息，才能提高他们对体育慈善的信心与信任，从而保证慈善事业的健康发展。

2012年8月29日，基金会中心网发布中基透明指数（FTI），这是一套综合指标、权重、信息披露渠道、完整度等参数，以排行榜单为呈现形式的基金会透明标准评价系统，其用意在于使基金会了解自身透明程度在全国范围的位置，并根据标准增加自身透明度，公众可以以透明指数为捐赠参考，促进慈善行业透明度的增加和公信力的增强。

根据对2015年7月13日的中基透明指数搜索，符合条件的体育类基金会大约有53家。体育基金会的表现比2012年有较大的提升，但仍有进步空间。除了中国教师发展基金会、桃源居公益事业发展基金会、深市朱树豪纪念慈善基金会三家关注体育事业的综合性基金会之外，只有深圳市转动热情自行车体育基金会一家进入全国排名前100名，另有包括上海市体育发展基金会、河南足球事业发展基金会、中华全国体育基金会在内的18家体育基金会进入前300名。而在全国96家基金会的2014年透明指数排行榜中，没有一个体育基金会入围“透明口袋”。

（二）内部资源缺乏

目前，我国体育基金会内部资源并不充足，主要表现在专业人员的缺乏与资金来源的不稳定。

我国体育基金会的人员一般由理事长、副理事长、理事、秘书长、监事和分管各部门的专职工作人员组成。目前我国体育基金会的人员数量配备、年龄结构基本合理，但是明显缺乏具备专业知识和技能的工作人员与志愿者多数为临时协助人员。这反映了我国体育基金会尚处于起步时期，人力资源培养和发展情况极其滞后，难以满足体育基金会专业高效的运行要求。

专职人员数量明显不足，对体育基金会的运作能力与资金来源均会产生不利的影响。从项目设计角度看，由于专职人员缺乏、专业水平参差不齐导致很多体育基金会不仅缺乏长远的发展规划和打造公益品牌的意识，也缺乏对体育人文精神的挖掘与诠释，以及对时事热点的敏锐洞察力，因而在项目设计方面多有雷同，欠缺独特性和内涵。目前，我国大部分体育基金会都是综合性体育基金会，彼此宗旨相似，在项目内容上也是千人一面，仅在地域上有所区别。从项目运作角度看，现代公益慈善的专业化运作，需要执行团队的职业化投入，作为独立的法人主体，体育基金会要运营大量的公益资产和公益项目，这要求基金会能够科学地募捐和支出，做好信息公开透明、项目运作和管理、保值增值等工作，这些只靠兼职人员和志愿者难以完成。例如，在项目活动的宣传方面，现阶段我国体育基金会与大众传媒的关系主要在于对活动事件的处理上，而并非是公益品牌的建设，而且大多集中在平面媒体，对于电视、网络等多渠道宣传利用不足。

第四节　体育基金会的内部治理

随着我国体育基金会的迅速发展，体育基金会的治理也逐渐成为人们关心的话题，涉及的社会利益相关者更为复杂。回顾自改革开放以来的40年艰辛历程，体育基金会的治理经历了一个从朦胧形态逐步转向清晰构架的演变过程。体育基金会治理涉及中国经济改革和社会变革方面的重要问题，从单一思想逐步上升到体育基金会领导团队的观念、价值观和战略思想。当今世界流行的公司董事会遵循的四大准则即透明、问责、公平和负责的思想已经应用到体育基金会部门。

一、内部治理的内容

对于体育基金会治理结构的内容，目前还没有一个统一的标准，通常定义为一种对基金会进行管理和控制的体系。明确理事会、执行团队和理事作为体育基金会的最终治理决策的代言人，并通过理事会、执行团队、理事的责任和权益有效配置，达到决策者、执行者和监督者三大机关各司其职、相互制约，确保基金会正常运行。

大量研究表明，我国政府参与治理主导型和分散治理导向型的治理结构非常普遍，在国际上，民间组织治理运作有四种类型：秘书长治理主导型、理事长治理主导型、职员治理主导型和集体治理主导型。

大多数情况下，秘书长治理主导型一般出现在较大规模和历史比较悠久的体育基金会中，秘书长通过得到不同利益相关者的信息，提出建议并形成决策，作为理事会有可能通过和批准决议也就是一种形式而已。

理事长治理主导型一般出现在规模较小、成立时间较短、以志愿性质为导向的体育基金会中，理事长在实际管理和控制体系中，承担决策者的角色同时也拥有执行者的地位，而秘书长可能承担机构服务的主要任务。

职员治理主导型的体育基金会通常出现在教授类的专业型官僚体系中。一批高层核心专业人员拥有较高的权益参与机构的决策，而作为理事会，秘书长也只是虚位。

对于集体治理主导型的体育基金会，在实际管理和控制体系中，理事会理事、秘书长、不同层次的职员、内外部志愿者和服务受益者、捐赠者都有可能作为治理结构的一员，形成共同一致的意见而实现共同决策。

二、内部治理的问题

体育基金会治理结构与其性质不同，将会产生不同类型的结构形式，而这种结构组成的人员背后隐藏着不同利益代表团体的意愿。因此，体育基金会内部治理问题主要体现在以下方面。

（一）体育基金会决策层、执行层和监督层之间的问题分析

体育基金会的决策层通常指理事会，执行层通常是指秘书处即日常工作执行团队，而监督层通常是指基金会内部的监督即监事会，或特设监视外部监督层，有的是体育基金会上级业务主管部门，或挂靠单位，或政府的登记机关，或为社会上的监督即媒体、捐赠人、受益人或独立的监督评估机构，会计或审计事务所，即体育基金会在财务方面的审计等。

1.决策层与执行层之间的结构关系分析

决策层与执行层的关系就是理事会与秘书处的结构关系，以及理事会与秘书处的人权、财权和业务权利分配的关系，目前主要有以下三种类型。

（1）以秘书处为中心的结构关系。此种类型多发生在非公募体育基金会，即由一人或多人先发起，先有秘书处，后有理事会，此类结构关系有利于基金会起步阶段的迅速成长，有利于提高工作效率。不足之处主要体现在整合资源能力较弱、社会公信力较差上，随着基金会发展壮大，内部制约和监控难度加大。由于个人权力过大，时常发生一人独权的现象，并面临着机构潜在的不可持续发展的风格。

（2）以理事会为中心的结构关系。此种类型多发生在近几年兴起的体育基金会、国有企业发起的非公募体育基金会及与政府关系密切的体育基

金会之中。发起人多为国有企业家或政府官员，且以刚退休的政府官员居多，专业执行团队相对弱小，主要业务工作由理事会成员亲自负责过问，兼职工作人员居多。此种结构关系的优点是能够迅速整合资源、扩大影响，人员成本较低易于内部控制和监督；不足之处是专业团队难以培育，内部整合成本较高，办事效率低下。

（3）组合结构关系。此种类型的结构关系多发生在政府背景的体育基金大会中，由于理事长具有政府授权，大多比较强势，理事长与秘书处的关系常常具有极强的政府行政色彩和行政指令关系，同时也出现了副理事长兼任秘书长的现象。此种结构的优点是秘书处能够较好地理解理事会意图，行政办事效率较高，内部整合成本较低。不足之处是容易形成内部人为控制和治理，将政府组织的“大锅饭”机制引入基金会，不利于形成竞争机制。

2.决策层与监督层之间的结构关系分析

体育基金会普遍存在内部控制和监督不力的问题，因此外部监督就显得极为重要。而外部监督主要是政府监督和社会监督，客观地讲，如果这样的外部监督参与过多，也会影响体育基金会的多元化成长。2007年，民政部民间组织管理局对基金会开展评估，取得了良好的社会效果，对我国基金会的健康发展起到了良好的推动作用。这一系列政府监督行为的预期效果应该是正面的但对体育基金会的内部治理是否能够产生结构性的变革，还需要实践证明。总而言之，关于体育基金会的内部治理问题，理事会成员能否为机构的利益相关方提供公正的服务，理事会成员是否具有责任心，能够支持机构的透明，是否具有奉献精神，是否在机构领取薪酬或限制的补贴，在理事会成员选择方面能否考虑社会理事，是否有较强的合作意识以及专业化水平等，这些因素都是非常重要的。随着信息技术发展日新月异，社会监督尤其是媒体监督日益重要，网民的监督也愈发有效。

（二）体育基金会理事对外开放和透明的问题

基金会的利益相关者比企业的利益相关者更为复杂，理事会、监事会、管理人员、捐助者、受益人、法权人、客户、社区、政府乃至整个社会不同类型的成员都是基金会的利益相关者。而在机构对外开放和透明的问题上，理事会具有相互矛盾的心理，其根本原因是机构的公益性即公益产权和私人拥有者之间相互矛盾。对于体育基金会而言，最大的问题是财务的开放，尤其是机构的人员工资、福利和项目成本等敏感问题。有的基金会理事长认为，机构信息的对外开放是有成本的，如果处理不好，不利于机构的发展。

另外，理事会成员的问责和监督确实使很多机构领导人不习惯，但这事实上却成就了机构的新发展。有的影响较大的体育基金会召开常务理事会，却只字未提财务收支，由此可以看出，机构财务开放还局限在核心领导层和主要执行者。有的体育基金会认为，组织的成功就在透明。将体育慈善机构放入一个透明的玻璃瓶让社会监督，向社会开放。由于体育基金会理事会领导人对机构透明的理解千差万别，对体育基金会的治理提出挑战：何时机构透明了，何时机构开放了，机构的治理也就有效了。

三、内部治理的完善

总结我国体育基金会的治理经验和教训，可以对未来体育基金会建立健全良好的治理结构充满信心。我国的经济发展社会进步客观上推动了体育基金会的健康发展，但是体育基金会在治理的过程中还面临很多挑战，展望未来，体育基金会建立良好治理的前景是美好的，关键是要解决和厘清两方面的问题：第一是体育基金会如何处理好与政府、企业、媒体、学术机构和其他基金会的关系；第二是体育基金会如何提高机构的治理能力。

（一）体育基金会与利益相关者的互惠互利

1. 减少政府对体育基金会的干预

政府部门作为体育基金会的直接业务主管单位，在理事会领导人、理事会员和理事会组成方面起着决定性的作用。因此，体育基金会可以承担起部分任务。政府执行的微观体育事务，帮助政府完成其体育战略目标服务，理事会主要成员中有政府的代表参加将有助于体育基金会承担部分政府职能。

2. 发挥媒体对体育基金会的宣传与监督职能

在一个信息高度发达的传媒时代，体育基会的所有工作将在媒体的监督下实施，以提高其社会公信度。媒体应承担起监督体育基金会的社会责任，如对体育基金会的理事会领导人、理事会成员、理事会组成比例和理事会人员在基金会领取薪酬等方面进行监督，尤其是体育基金会的治理机制的监督。

3. 开展体育基金会与企业良好合作

作为体育基金会，寻求与企业的合作不仅能获得资金的支持，而且能够学习企业的管理思想和经验，尤其学习公司治理的经验和教训，为体育基金会治理的专业化建设服务。在人力资源开发方面，应从企业中吸收高层管理人员作为体育基金会理事会人员，同时也可以招聘高层的志愿人员，使其为体育基金会业务工作方面提供经验。体育基金会在与企业合作中需要谨慎分析和适当选择。

4. 加强研究机构对体育基金会的指导和支持

目前我国正在形成一批专业的研究机构，从研究基金会发展的理论、经验和教训，形成规范权威性的导向机构，但还没有建立起基金会合作的支持和研究系统。体育基金会与研究机构的合作应强调三个方面：第一，体育基金会的业务专业化，使研究机构得到业务专业方面的支持；第二，基金会理论的指导作用，有效的理论可以改变一个体育基金会的命运；第三，体育基金会利用研究机构开展能力培训，同时研究机构也可以利用体育基金会的案例提升研究工作的理论水平。

5. 加强捐赠人、受益人对体育基金会有效监督

无论是体育基金会捐赠人，还是体育基金会受益人，都应参与体育基金会的监督工作，尤其应参与体育基金会的治理工作，这对推动体育基金会的社会责任具有重要的现实意义。当然，应明确界定社会募捐的性质，严格区分公益募捐和非公益募捐；明确界定劝募人、捐赠人、受赠人的权利和义务；明确规定捐赠财产的使用和管理；对企业的捐赠，应依照法律、行政法规的规定让企业享受企业所得税方面的优惠；对擅自改变捐赠财产的性质和用途，挪用、侵占或者贪污捐赠款物，或在捐赠活动中违法犯罪的人员，要明确法律责任，社会各界应承担起公益捐赠的责任，从而有利于体育基金会的有效治理。

6. 体育基金会之间的关系和自律联盟的作用

目前，体育基金会在我国还处于初级阶段，无论在规模、人员、服务、范围、提供服务的质量等方面都面临着很多挑战，体育基金会之间应互相支持，共同利用有效和有限的资源，分享治理工作中的经验和教训，互相提供能力建设的机会。体育基金会自律联盟的作用，可以使体育基金会之间实现共益和共赢，而恶性竞争必将导致整个公益事业出现畸形发展，也不利于体育基金会在社会进步和经济发展中发挥其应有的作用。

（二）体育基金会治理能力的建设机制

体育基金会治理能力的基本建设包括基金会制度的建设、人力资源管理机制、社会资源的动员机制、理事会成员的组成，理事会的政策治理框架等。在体育基金会发育阶段，治理能力的作用尤为重要。一个机构的基本生存问题和长远战略设计的关键点就是治理能力。实践证明，机构治理能力将影响动员社会资源，机构治理的本质是最大限度地调动机构的所有利益相关人员的积极性，分享机构的理念宗旨和价值。

1. 完善体育基金会治理的创新能力

体育基金会治理的创新能力包括机构存在的价值和社会影响力。治理的创新能力涉及机构的理事会高层人员的组成、吸引专业人员进入理事会和维护机构声誉等基本问题。在体育基金会发展过程中，机构治理的创新，不仅是理事的更新、业务的开展、项目设计的更新，更为重要的是机构价值、观念的更新，是为了实现人类美好的生活而努力奋斗的远大目标。

2. 完善体育基金会治理的协调能力

体育基金会治理的协调能力是指机构外部协调、开发更新所拥有的社会资源、实现机构长远目标和近期目标的能力，体育基金会治理的协调工作涉及政府参与、企业互动和社会各阶层资源的影响，尤其是公民社会中强调的个人志愿精神对体育基金会治理的影响，当资源的拥有者和使用权限不清晰时，体育基金会理事会和领导人在资源开发认识方面会有很多误区。

3. 发挥体育基金会治理的可持续发展能力

体育基金会治理的可持续发展能力是指一个机构的理事会和领导人在实现其远景、宗旨和目标的过程中，能够形成一个均衡的发展机制，既具有解决现实困境的能力，又具备结合机构的战略设想而达到持续发展的控制能力。一个机构治理的可持续发展能力包括业务上的稳定发展、机构人员的不断成长和成熟、机构财务和合理范围内的基本平衡。但强调机构治理的可持续发展能力并不排斥机构业务上的创新和协调能力的平衡。

4. 加强体育基金会治理的人力资源建设

体育基金会治理的人力资源建设包括治理民主化决策，以及让体育基金会的工作人员，包括志愿人员共同理解和参与远景规划和战略设计、分享共同的理念和为需要服务的人群提供服务，并且保持价值观相同等方面。在机构治理中人力资源建设需要考虑内部培训和外部学习机制。

第五节 发挥体育基金会作用的政策建议

一、完善现有立法，提高立法层级

（一）明确监管责任主体

应及时修订《基金会管理条例》，从立法角度明确基金会的监管责任，对体育基金会的成立登记、运作过程、收支管理、监管过程和退出程序均做出详细明确的规定，适度降低基金会注册成立的资金门槛，增强《基金会管理条例》的可操作性。

（二）建立完整的税收体系

由财政部门与民政部门共同商讨制订更符合实际情况的基金会免税资格认定标准、程序和审核等办法，对基金会的经营性收入做出合理区分并规范基金会的商业行为，适度提高税收优惠额，完善纳税申报制度，简化捐赠减税的程序，对新形式的捐赠行为提供税收减免。各相关部门之间应建立紧密的沟通协调机制，使得对基金会免税资格的申请、审核、确认和再审查实现统一的动态管理。

（三）提高立法层级

应提高《基金会管理条例》的法律效力层级，使基金会的行为更加制度化，切实有效地达到“有法可依”，进一步细化资金会管理职责和违规处罚条款，加大对资金会组织以及个人违规行为的处罚力度，促进资金管理规范开展。

二、调整政府对体育基金会的介入程度

（一）逐步放权

一直以来政府部门在体育基金会的工作中所承担的责任都过多过重。随着经济的发展与社会组织的成长，政府部应当逐渐转变管理方式，让体育基金会尤其是体育系统的公募体育基金会拥有更多的自主权，由现有的业务主管部门控制人事行政的管理方式转向主要依托法律手段和经济手段的规范化管理，变“政府包办”为“社会选择”。

（二）政策引导

可以通过政策指引的方式，对体育基金会的运作加以引导。首先，可以通过税收优惠和税收监管政策，鼓励社会捐赠，优化体育基金会的筹资方式。其次，可以以服务购买代替直接补贴，建立制度化的体育公益服务政府采购，推动体育基金会的发展；还可以通过鼓励政策加强对体育基金会的引导，使资金流向最需要资助的群体。最后，相对于一直以来在资源分配方面占有优势的公募体育基金会，有关部门也应该加大对非公募体育基金会的重视和扶持力度。

三、营造适合基金会发展的良好环境

（一）提高基金会公信力

在“社会选择”的机制下，体育基金会的发展更多地依赖社会公众的信任与支持，因此除了体育基金会自身的自律约束之外，政府部门也应注重相应的规范与引导，诸如加强信息公开制度的建设，支持构建信息公开平台等。

（二）完善监管模式

作为政府监管的有力补充，行业自律与独立的第三方评估对保障基金会的公益性、提高基金会的透明度和公信力有着不可小觑的影响。因而在政府监管之外，还应提倡与鼓励体育基金会行业内部监管体系与第三方评估体系的建立与发展，充分发动行业、第三方机构、媒体与社会公众的力量，全方位多角度地对体育基金会进行综合性监管。

（三）推广公益文化

应注重开展体育公益文化教育，积极宣传体育公益的重要性，树立体育公益榜样，奖励体育公益行为，培养多层次的体育公益志愿者组织，在全社会范围内培养体育公益意识，营造良好的体育公益氛围，聚集全社会的力量共同发展体育公益事业。

第七章
自发性群众体育组织创新发展路径探索

现阶段，在我国广大的社会体育组织中，包含着众多自发性的群众体育组织，并且拥有着固定数量的成员，日常的管理以及调配由一个或多个核心人员共同完成，在不断地磨合中逐渐形成了属于组织的规则，通过规则来保障组织能够运行顺利，其活动的目标和内容比较明确，而且在运动的场地和使用的机械方面有很好的保障。

第一节　自发性群众体育组织

一、自发性群众体育组织的概念

自发性群众组织与我国其他类型的组织有一定的联系但又有所不同，不同类型的组织有着不同的侧重点，强调的内容方向也不完全一致，但是都在第三部门的范畴中。根据划分标准的通用原则，国家（第一部门）、市场（第二部门）、公民社会部门（第三部门），自发性群众体育组织处于第三部门的范畴。在对非营利组织进行定义的时候，有以下五个关键词：organized，non-profit-distributing，private，self-governing，non-compulsory。换句话说，制度化、实体化、组织架构的明确化、开展持续性活动是非营利组织的固有特点，这也将暂时进行集合的人以及毫无结构的组织排除在这些体育组织之外；对于非营利组织来说，利益的收入是可以被允许的，但是不能对所盈利的部分进行分配，利润应该留存在组织中，组织者或核心管理人员不能私自吞掉；非营利性组织不是政府部门，而是与政府有着十分严肃的分割关系，并且也不拥有特权；非营利性组织要能够掌控自身的行动能力，能够实现自我管理；非营利性活动的参与人员都应该自主自愿，不会受到法律强制的作用或者血缘关系的约束。非营利性组织分为两种，分别是公益型（public benefit）和互惠型（member benefit）。在我国，自发性群众体育组织一般都是属于互惠型的非营利性组织，一少部分属于公益型的。

社团组织属于统称概念，只要是民间自治的具有公益性和志愿性的组织都归属这个概念，这些组织属于政府或企业组织以外的不以盈利为目的的组织。所以，社团组织这一概念是属于上位概念的范畴。在本书中没有应用“社团”这样的词句，这是因为我国体育社团是在政府的管理需要下成立的，是自上而下的体育管理机构。社团在国际上的通用含义与我国是有所不同的，并且和“自发性”有所出入。和自发性群众体育组织接近的概念有：非正式体育群体组织、民间群众体育组织、群众体育活动点、群众体育草根组织等。

社会群体的定义为两个或者更多人拥有共同的认同团结一致形成一种社会结构并对其成员有某种确定的期望，通过一些特殊的意义与规范产生了群体文化，且通过共享群体的意义与规范，群体中的人产生了作为群体成员的认同感，同时与群体之外的人产生明确区分。所以，可以通过群体结构对一群人的聚集行为进行判定，结合上述定义可以轻松地辨别出是社会群体还是人群集合。对于自发性的群众体育组织来说，其社会结构是有一定特点的，有着固定的活动时间和地点，在进行活动的过程中内容和流程都是已经确立好的，在进行活动的时候，可以有组织有纪律地保证完成活动的目标。

一般情况下，组织的基本特征有下述的几点。第一，有目标地进行组织的成员吸纳的过程效率较高；第二，组织的创始者对于组织中的成员有一定的控制力，并在组织中有一些权利；第三，组织中的成员并非是一成不变，会有人不断地离开和加入。根据这些特点进行分析，自发性的群众体育组织对于组织的特征要求是相符的。组织可以分为正式组织以及非正式组织，前者规律明确，规定严格并有着内部的法规细则；非正式的组织对于人际关系更为重视，主要是熟人之间在一起开展一些活动。在一些研究中，自发性群众体育组织被划分进了非正式组织的范围内，这样并不是十分规范的。对于自发性群众体育组织来说，规章制度可以是明确的，也可以灵活多变的，前者属于正式组织，后者属于非正式组织。因此，如何进行判定应该通过组织规模大小和运营模式来进行，不能妄下结论。

综上所述，自发性群众体育组织需要人们通过共同的体育追求爱好集结在一起，通过人际关系、地理位置等关系进行自发组成并自主管理，拥有着松散的结构和多样的变化，外界所拥有的制度对于它来说并无太大影响。自发性群众体育组织是很重要的，属于中国公民社会中不可或缺的部分，它很好地将体育领域的普及程度表现了出来。通过了解公民的角度去对国家的体育组织进行研究，拥有突出特点和大多人参与的有群众基础的组织，就是自发性群众体育组织。

二、自发性群众体育组织的分类

在我国，自发性的群众体育组织根据组织方式的不同分为不同的类型，并且在彼此间也没有明确的分界线，某个自发性群众体育组织也属于组织类型之一。下述内容共列举五种类型。

（1）地缘组织：生活在同一区域的人们，为了参加体育活动而自发性开展并形成的群体，这是一种十分常见的组织。通过将共同生活区域的体育场地利用起来，调动人们的积极性，将活动组织很好地开展了起来。

（2）业缘组织：单位中有健身习惯的同事，会和身边的人一起进行健身，这也可以形成自发性的组织，并且开展起来之后对单位体育的组成是十分重要的。它的作用明显，能够有效地增强单位的员工身体素质，并且能够很好地提高劳动生产效率。

（3）人缘组织：这一自发性的群众体育组织是由家庭成员、同学以及朋友所组成的。对比于其余的自发性群众体育组织，人缘组织的成员更为稳定，因此该组织有着更为持久的生命力，甚至会陪伴人的一生。

（4）网络组织：网络媒体有着传递信息速度迅速和传播范围广的特点，并且所包含的信息量和自由程度也比较高，能够让网民之间达成很好的交流，因而它成了新兴的自发性群众体育组织。

（5）趣缘组织：顾名思义，趣缘组织是由于共同的兴趣爱好的人在一起而组成的群体。这也是当今社会人们精神生活需求的体现，当集群发展到一定的高度之后便会形成，对于社会的整合有进步性意义。在社会不断发展的过程中，趣缘组织是必然会出现并存在的，这是人们不断追求精神生活的体现，任何年龄段的人都有可能成为趣缘组织的成员。对体育有共同爱好的人聚集在一起，形成了趣缘组织。在这个组织内的人因为体育锻炼而更加亲近，组织经常举办的活动也将他们紧紧地联系在一起，有助于组织内部的稳定，良性循环，使组织能够长期地开展体育建设活动。

除此之外，不同类型的体育组织开展的活动项目对于自发性群众体育组织能够实现分类的目的，见表7–1。

表7–1　自发性群众体育组织分类

类型	内容
自发性健身体育组织	锻炼类、健美类、娱乐类、冒险类体育组织
自发性休闲体育组织	被动休闲类、健身休闲类、娱乐休闲类组织
自发性体育旅游组织	以旅游观光为主要目的开展活动的体育组织
自发性体育探险组织	以挑战极限、寻求刺激的体育运动为主的体育组织

三、我国自发性群众体育组织的形成过程

我国的群众体育基层活动组织最早出现在20世纪70年代初期，并且在90年代开始迅速发展。随着人民群众生活水平的提高和健康意识的增强，形式多样的群众体育活动组织纷纷涌现，这些活动点大多是由具有同样体育活动兴趣爱好的人们自愿集合起来，利用居住区域内的体育活动设施和小广场等较为宽阔的体育活动空间，活动规模较小，人数不多，活动内容的选择上局限性较大这些公益性的基层群众体育活动组织同营利性的群众

体育组织一同构成了我国基层广大人民群众参与有组织的体育活动的基本模式。

宋雅琦[1]通过调查得出：社区自发性群众体育组织占各类社区体育组织的76.5%。“中国群众体育现状调查课题组”研究结果显示：各类群众体育活动点中由锻炼者自发形成的占总数的57.5%。《中国群众体育现状调查结果报告》显示，60.3%的为锻炼者自发组成。可以说我国的自发性群众体育组织已经成为了大众开展群体性体育锻炼主要依赖的途径，我国自发性群众体育组织的发展和我国的群众体育事业发展密不可分。中华人民共和国成立以后，我国的群众体育事业经历的发展阶段共有七个，见表7-2。

表7-2　我国的群众体育事业的发展阶段

时期	阶段
1949–1957年	最初开创阶段
1958–1965年	起伏发展阶段
1966–1976年	畸形发展阶段
1977–1991年	恢复、发展与初步改革阶段
1992–1995年	二次创业阶段
1995–2008年	蓬勃发展阶段
2008年至今	调整与革新阶段

了解了我国群众体育事业的发展历程，下面从组织的角度分析我国群众体育工作的变化，可以分为以下三个阶段。

第一阶段：早期的我国的群众体育组织主要是建立中华全国体育总会，建立各部门的行业体育协会以及街道社区的基层体育文化活动站点等，以机关、企业和事业等以单位划分的以工作单位维系开展的有组织的活动。这时候的群众体育组织多是根据国家需要、照搬苏联模式成立的，无限地夸大了单位体育的功能。

第二阶段：改革开放以后，计划经济体制逐步向市场经济体制转轨，特别是1984年，城市全面改革单位职能，单位原本承担的社会福利、服务职能开始外移，城市社区中的群众自发性的体育活动也日渐增加。单位制

[1] 宋雅琦．我国城市社区自发性群众体育组织研究[D]．北京体育大学硕士学位论文，2011．

解体后，人们多以个人和家庭为单元进行体育活动，数目众多的自发性群众体育组织兴起。1995年之后，我国的群众体育健身的组织模式和运行机制也发生了巨大的转变，逐步由一种较为封闭的，局限在学校、单位、企业内的群众体育组织模式向开放性的、兼容并包的群众体育参与模式转化。从事不同行业的人群，不同性别、年龄层次的人群，都可以自由组织成为一个群体开展感兴趣的体育运动。群众体育健身活动将逐步由政府负责转化为社团、协会负责，并且越来越注重社会力量的参与，形成一种互惠互利的群众体育健身组织模式。

第三阶段：进入21世纪以来，人们开始更加注重通过灵活多样的组织模式开展自发性群众体育活动。政府对群众体育事业的管理重点转移到了重视计划、政策和纲领的制订，加强社会宣传和营造健身氛围，做好体育场馆、场地等硬件设施的保障，为居民参与体育锻炼提供人、财、物的资源。这也就为自发性群众体育组织的纷纷涌现和快速发展提供了政策导向，体现了我国群众体育管理机制由较多地依靠行政指令管理向多元化管理发展，是时代发展的需要。

综上所述，我国的群众体育组织发展经历了这样一个过程：由体制内的单位组织体育活动为主，过渡到个人和家庭开展体育锻炼模式，再到自发性组织涌现的过程。伴随而来的自发性群众体育活动组织产生于20世纪70年代初，80年代逐步增加，到了90年代迅速发展，进入21世纪以来开始进行全方位的调整和改革。这个过程也是伴随着我国公民社会的产生和发展而来，群众体育工作从政府选择模式向社会选择模式逐步转化，人们在这个过程中逐步形成的公民意识，也成为我国自发性群众体育组织发展的支撑。

四、自发性群众体育组织的特点

柏特南曾提出公民社会的几个主要特征，其中包括公民愿意投身于公共活动，公民之间平等地享受各种权利，公民之间团结互助、相互信任并能够做到相互容忍，要有一定数量的合作的社会结构存在。这些社会组织结构包容了公民社会的价值与规范。一个良性发展的公民社会中的民间组织应该是具备非政府性、非营利性、自治性、自愿性和组织性五个特征，强调公民的平等参与和公民之间的团结信任。但我国目前处于公民社会初期，还是一个政府主导型的官民二重性公民社会，正处于过渡阶段，民间组织发展不规范、不平衡。形成的自发性、群体边界模糊性、参与目标的一致性、参与群体多层次性、活动内容的多样性、活动场所的相对不确定性、管理的松散性等是目前我国自发性群众体育组织的几个特点。

五、自发性群众体育组织的功能和作用

自发性群众体育组织的功能和作用有以下三个方面：首先是对参与自发性群众体育组织个体的作用，其次是对体育运动自身发展的作用，最后是其社会功用。

满足大众健身需求的作用：自发性群众体育组织可以对现有的体育健身资源进行有效整合，规范参与人群的体育运动行为，为体育运动的参与者提供更为方便的条件和更专业化的支持，更好地满足人民群众参与体育活动的愿望。另外，对促进人们良好的生活方式的形成、纠正社会行为失范、培养人们的社会参与意识和服务精神等方面也起到了重要作用。

对体育运动自身发展的作用：自发性群众体育组织可以促进体育运动项目在大众中的普及和推广，有效地保护了一些民族民间传统体育运动项目的发展和传承，在大众中更广泛地传播体育文化知识。可以说，自发性群众体育组织为体育运动本身增添了很大的活力，促进了体育运动组织的多元化发展。另外，自发性群众体育组织还有效地促进了我国体育产业的发展，特别是自发性的健身娱乐休闲组织增进了体育产品消费，自发性的体育旅游组织和体育探险组织增加了旅游收入。

第二节 自发性群众体育组织的构成要素

一、社会结构理论的研究视角

社会结构是指一个群体或者一个社会中的各要素互相关联的方式。社会结构在很大程度上影响着人类的行为，并能够以适度的效率来完成日常生活中的绝大部分事物，但社会结构具有正负两方面的影响。因此，大到整个社会，小到社会中的每一个组织甚至组织中的每个个体，都受到社会结构的影响。社会结构会随着时间的推移有一定的变化，但始终能保持一定的稳定性，只有抓住这个稳定性才能够把握社会结构的本质。

社会结构的单位主要有以下几个方面：首先是地位，地位是指在某一群体或者某一确定的社会位置。每个社会中的个体都具有多重地位，这大多与他们的性别、婚姻、年龄、教育、种族和宗教信仰有关。在自发性群

众体育组织中，个体所在的地位大致取决于其在组织中的分工，一般包括组织的领导者、组织活动的参与者、具备一定体育技术技能的指导者等。其次是角色，角色是对群体或社会中具有某一特定身份的人的行为的期待。一个人占有的是地位，扮演的是角色。在一个高度结构化的社会中，成员往往需要扮演不同的角色，一个新的身份往往会伴随着新的角色设计。在自发性群众体育组织中，组织的领导者要扮演安排组织活动时间、地点、活动内容，带领成员开展体育活动的角色，组织成员要扮演积极、准时参加组织活动的角色，组织的指导者要扮演为组织活动提供相应的运动技术指导的角色。一个社会人角色的多重性，决定了其必须要在不同的角色之间转化和适应，某个自发性群众体育组织中的领导者，也许同时是一个大型企业的经理，这样不同的两种社会角色既可以运筹帷幄地进行公司的管理，又可以组织一群网络上的朋友每周末去进行野外探险旅行。我们都知道某些社会角色之间会存在角色冲突和紧张，人们将更多的生活重心放在某个角色的时候，就难免会造成在其他角色上的力不从心。但个体在一个体育运动组织中扮演角色，往往会成为其主要社会角色的积极辅助，其效果往往是正面的。在一个自发性体育组织中，成员的角色不是一成不变的。组织成员可能会因为具备更强的组织能力和运动技术技能而成为组织的领导者，组织领导者也会因为某些原因成为组织成员。最后是社会群体（或组织），一个群体（或组织）是由两个或两个以上的具有共同认同和团结感的人所组成的人的集合，群体（或组织）内的成员互相作用和影响，共享着特定的目标和期望。所有的群体（或组织）都有一定的社会结构，但不同类型群体的社会结构有疏密的区别。按照结构功能主义论的观点，小型的、具有稳定性的群体（或组织）往往表现出较强的合作精神和高度的团结性，群体（或组织）中的各种角色都会对群体（或组织）的稳定发展起到一定的作用，同时，有组织化的活动也会实现群体（或组织）成员利益的最大化。

二、多层次的组织参与动机

社会学家将群体分为两个基本类型：初级群体和次级群体。初级群体是一个相对较小、有多种目的的群体，群体成员之间的互动是亲密无间并存在强烈的群体认同感的。其中，非正式组织是初级群体中的一个类型。群体可以用以满足人的一些工具性需要，即帮助成员去完成不那么容易单独完成的工作，虽然一些目标的达成不一定必须通过群体的方式实现，但是通过群体往往比个体单独行动能够更有效地达到目标。

对于人们为何选择自发性群众体育组织开展体育活动的原因，可以分别从理论层面和实践层面进行分析。依据社会心理学的需要层次理论、交换理论、平衡理论和从众理论探讨自发性群众体育组织的内部成因，有学者认为，大众体育需求的增长与目的取向的多元化是自发性群众体育组织形成的内部动因；试图通过有组织的体育健身形式获取更大的“回报”是自发性群众体育组织形成的直接动机；共同的体育态度与价值观是自发性群众体育组织形成的纽带；活动、交往、感情是自发性群众体育组织形成的要素；从众心理是自发性群众体育组织形成的心理特征。个性、认同和个体间交往所采取的价值观等心理因素在一定程度上会阻碍自发性群众体育组织的形成。自发性体育组织的形成都是很随机的，这个过程可能是几个要好的朋友在一起聚会时，在很随意的聊天中有人提议大家附和，再约定好体育活动的方式、时间、地点和联络途径，同时推举出一个或几个负责人，并为本组织确定名称。社团的名称和负责人随时间推移经常发生变动，也没有固定的经费来源和财务管理，成员各自承担自己的基本费用，如服装、器材等，活动时的公共费用则采取AA制分摊。平时训练也经常以比赛的形式进行，几乎没有理论的技术指导，运动水平普通不高，娱乐和交际的成分更强一些。

对山东省85个自发性群众体育组织参与动机的调查结果见表7–3，结果表明，人们参与活动的动机主要是对健康的追求，其次是丰富余暇时间，再次是本身对某项体育运动有很大的兴趣，最后是进行社会交往的需要。

表7–3　活动的主要动机

动机	数量/个	百分比/%
社交需要	12	14.12
自身爱好	19	22.35
丰富闲暇时间需要	23	27.06
健康需要	31	36.47

在参加本组织体育活动的时间长度的调查中，发现有约41%的人参加时间不超过一年，而参加时间超过三年的成员约占14%，见表7–4。这说明自发性群众体育组织的参与成员的流动性大，成员的稳定程度和组织忠实程度较低，这在一定程度上体现了自发性群众体育组织的灵活性和包容性，但这也是限制组织持续性发展的重要因素。在吸引人们参与组织活动的基础上留住人，保持组织成员更高的稳定性，是自发性群众体育织组织者的重要任务之一。

表7–4　该组织进行体育动的时间

时间	数量/个	百分比/%
1年以下	35	41.18
1～2年	21	24.70
2～3年	17	20.00
3年以上	12	14.12

在问及参加自发性群众体育组织的人们对本组织活动的依赖程度时，有超过84%的受访者认为自发性群众体育组织已经成为了他们生活必不可缺的一部分，见表7–5。可见人们对参与有组织的体育活动抱有很大的热情，因此要把这种热情转化为组织持续发展的动力，从组织的活动时间、方式等方面不断地完善，为更多的组织成员提供一个舒适愉快的组织氛围，吸引组织成员长期参与组织活动。

表7–5　参加组织活动是否已经成为生活中不可缺少的一部分

是/否	数量/个	百分比/%
是	72	84.71
否	13	15.29

在问及参与有组织的健身活动对于日常生活的意义时，有35.29%的人认为，参加自发性群众体育组织的活动可以有效丰富闲暇生活，并能够起到娱乐身心、自我放松等效果；有29.41%的人看重参与组织活动对于健康的积极作用，特别是可以少生病、增强心脏功能等；有24.71%的人则强调了参加组织活动对扩大人际交往面的作用；另外还有10.59%的人，特别是女性群体更看重对减肥瘦身的作用，见表7–6。

表7–6　参与有组织的健身活动对于日常生活的意义

意义	数量/个	百分比/%
减肥与塑形	9	10.59
增加与陌生人接触，提高人际交往能力	21	24.71
健康需要	25	29.41
丰富闲暇生活	30	35.29

我们对自发性群众体育组织的组织动机的研究是建立在了对参加自发

性群众体育组织的个体进行访谈的基础上，从个体层面和社会层面两个视角出发进行研究。

三、多类型的人员组织方式

集合行为是在相对自发、不可预料、无组织以及不稳定的情况下对某一共同影响或刺激产生反应的行为。而组织行为则是由已确立的规则和程序控制的群体内部行为。因此，集合行为缺乏事先确定的组织程序和制度规范，是一种动态的、不断变化的行为。自发性群众体育组织，是一种介于结合行为和组织行为之间的类型，在产生之初往往是一种未经事先预料且无组织的自发性群体集合行为，但是经过一段时间的磨合，往往会出现一系列约定俗成的规则和程序，并通过这些规则程序对组织内成员的行为进行规范。这也往往与该自发性群众体育组织的规模大小有密切关系，当组织规模逐步变大的时候，就更容易从一种单纯的集合行为转变为组织行为。如果把社会行为看成是一系列从有组织到无组织的连续系谱，则可以看到自发性群众体育组织随着规模化和制度化的变化在此系谱中的位置也在不断变化。

通过对山东省85个基层自发性群众体育组织的成员平均年龄进行调查得知，50～60岁人员群体在自发性群众体育组织中占主力，他们大多是已经或者即将退休的人员，对于强身健体和社会交往的需要较之中青年群体更为迫切。从各年龄段分布阶段来看，中青年群体所占的比例也不小，其中30岁以下的占约15%，30～40岁群体约占12%，见表7-7。由此可见，以往群众体育参与群体中以老年人和青少年学生为主，中青年群体是全民健身的弱势群体的状况有所改善，更多的中年人开始有意识地参与到健身运动中，并且通过自由选择喜爱的项目和团体来进行体育锻炼。对参与自发性群众体育组织的人员的平均月收入进行调查得知，有超过70%的组织成员平均月收入低于3000元，见表7-8，这也从一个侧面说明了自发性群众体育组织是一种适合于普通百姓参与的群众体育组织形式。

表7-7　活动人员平均年龄

活动人员平均年龄	数量/个	百分比/%
30岁以下	13	15.30
30～40岁	10	11.76

续表

活动人员平均年龄	数量/个	百分比/%
40～50岁	20	23.53
50～60岁	29	34.12
60～70岁	10	11.76
70岁以上	3	3.53

表7-8　活动人员平均月收入

活动人员平均收入	数量/个	百分比/%
1000元以下	29	34.12
1000～2000元	32	37.65
2000～3000元	15	17.65
大于3000元	9	10.58

对组织途径的调查结果发现，最多的组织途径是通过街坊邻居，见表7-9，这构成了自发性群众体育组织约半数的组织成员来源，由地缘性模式形成的活动组织成为最基本也是数量最为庞大的群体。

表7-9　组织途径

组织途径	数量/个	百分比/%
网络	1	1.17
同学	4	4.70
相同爱好	6	7.06
同事	7	8.24
附近村民	7	8.24
朋友	19	22.35
社区邻居	41	48.24

对我国自发性群众体育组织的组织模式研究，可参考公民社会中的组织建设理论。现代社会的网络技术的发达对于突破原有社会群体联系的不足有着至关重要的作用。因此，通过网络手段组织的自发性群众体育组织是一个较为新颖的组织模式，这相对于以往的传统自发性群众体育组织模式而言，是一种更便利、更广泛、参与门槛更低、活动内容更丰富的组织方式，并且更容易被社会大众接受。随着现代通信技术和运输技术的发达，公民社会的发展及大众公民意识的增强，以及伴随社会发展而来的兼容并包意识的增强，任何有体育健身锻炼活动需求的社会人都有参与的机会。

四、多样化的组织活动内容

一切体育运动都可以成为自发性群众体育组织的活动内容。根据组织成员年龄阶段等社会群体分类标准，可以进行简单的归类：如竞技类活动多适合年轻人，民族民间体育活动多适合中老年人；高尔夫、马术等多在社会精英人群中开展，大众健身项目更适合普通百姓。通过网络集结的体育活动组织是新兴且备受关注的自发性体育组织之一，这种自发性群众体育组织具有组织方式新颖，组织效率较高，组织活动一般具有较为规范的、成文的流程和规制，参与组织活动成员的文化水平较高等特征。但同时，因为这种类型的组织的参与者多是年轻人，缺少相应的监管和培训机制，更容易出现安全问题，如一些“驴友”组织户外活动中多次出现的遇险等事故。

山东省的基层群众健身组织中的一大特色就是有数量众多的健身气功组织，每个组织都有具体的负责人，组织结构、活动地点和活动内容都相对稳定，见表7-10。

表7-10　济南市百人以上健身气功活动站点

站点名称	辅导员	健身内容	人数
平阴县乐园健身中心站	潘建文	健身气功	120
长清区石鳞山健身气功活动站	王爱珍	五禽戏、六字诀	102
大明湖东门健身气功活动站	张元英	四种健身气功	100
济南大学辅导站	王丽	四种健身气功	100
英雄山南广场健身气功活动站	史树芳	健身气功	100

续表

站点名称	辅导员	健身内容	人数
英雄山北广场健身气功活动站	周兴莉	健身气功	100
槐荫广场活动站	叶振东	健身气功	220
长清区石鳞山健身气功活动站	徐立英	五禽戏、六字诀	100
铁路局老年体协健身气功辅导站	高连之	健身气功、太极拳、剑	200
堤口老年活动站	刘玉东	拳剑操功舞球	350

网络自发性群众体育组织的活动内容和形式非常丰富，几乎所有的体育运动项目都在互联网上有相应的活动论坛，大到全国性的组织，小到地方性的组织，希望参加自发性群众体育组织活动的人都可以根据自身情况选择适合自己的组织。以游泳论坛为例，有全国性的论坛和各省市的分论坛，每个分论坛都根据本地气候、场地特点组织和游泳有直接和间接关系的体育活动，现选择有特色的几个举例。

（一）和游泳运动直接相关的活动

和游泳运动直接相关的活动见表7–11和表7–12。

表7–11　南京自由风雨花体育中心游泳馆游泳活动

项目	内容
时间	2016年8月3日晚上6点40分至8点
地点	雨花体育中心游泳馆
活动费用	俱乐部会员：20元/人；非会员22元/人；迟到者自购泳票入池，自购票30元/人
泳池	雨花体育中心25m×21m，室内恒温游泳池，有免费热水淋浴区
活动流程报名方式	6点40分入池，在入口处的浅水区集合，讲解一下动作，然后自由活动，活动没有时间限制；跟帖报名或直接短信报名，请务必注明参加的活动和人数、联系方式；没有报名者恕不接待
联系人备注	Fanse（梵瑟）请大家自备泳帽、泳镜、泳衣（泳裤）、洗浴用品、拖鞋（可选）、浮板（可选）等装备

表7-12　游泳镇江俱乐部联谊活动

项目	内容
目的	相互友好交流，增加泳友之间的友情，共同提高游泳水平
活动安排	2016年3月11日下午2点30分至5点30分在常州宾馆游泳中心，开展游泳交流；晚上6点，两个城市泳友相聚用餐；晚上8点，去卡拉OK、跳舞等活动，为3月份生日的泳友祝福
活动费用	AA制，每人大概80元，多退少补
备注	热烈欢迎镇江的泳友来常州

（二）和游泳运动间接相关的活动

和游泳运动间接相关的活动见表7-13和表7-14。

表7-13　石家庄各游组织星期六打扫游泳池活动

项目	内容
时间	本周六（2016年9月23日）早8点
活动安排	早8点开始打扫游泳池，星期日早7点老地方准时踢球
备注	望大家准时参加

表7-14　2017年德州市全民游泳健身周德州站活动

项目	内容
时间	2017年7月16日
活动地点	德州市锦绣川风景区
活动路线	游泳协会组织了不同的方队泳行岔河。活动从东风路岔河桥下水，到东方红路岔河上岸，全程约700m

（三）和游泳运动无关的

和游泳运动无关的见表7-15、表7-16和表7-17。

表7-15　山西太原汾河冬泳组织南阳沟钓鱼比赛

项目	内容
时间	2016年4月22日
活动安排	清晨6点开始，在汾河游泳的泳友相约去南阳沟钓鱼，并用钓竿争出胜负；时值五一前夕，太原电视台的“发现”栏目组也想发现个快乐老年人的节目，得知这一活动，很感兴趣，便派了记者随行

续表

项目	内容
费用及奖励	景区负责人对此次活动大力支持，免门票、钓鱼票，为钓鱼比赛的三个第一颁发奖状，并为野餐提供煤气灶、锅具和桶装水，临走时还送给每个人一个小摆件作为纪念品

表7–16 财大大助力创业主题暨户外骑行交流活动

项目	内容
时间	2017年11月7日
地点	厦门财大大集团总部
路程要求	由软件东门出发，途经吕岭路、厦门会展中心、香山国际游艇码头、环岛路、椰风寨，最后到达黄厝浴场，全称6km

表7–17 哈尔滨悠泳正月初五泳友、QQ群友滑雪一日活动

项目	内容
时间	2017年初五早6点30分集合
地点	哈站出口左侧的第二候车室一楼大厅（铁路职工通勤口）
费用	火车票往返14元，下了火车后有免费车接送到凤山滑雪场；滑雪20元一位，自带饮食，也可以在那里订餐
咨询电话	0451—82005701
活动结算	一共42人参加，每人全程的费用是52元，3个小孩子每人收10元，剩余66元（2017年2月10日活动打的花10元，取泳帽打的花25元）

五、组织者的产生与培养

群体中的领导是群体中占据某种位置可以对组织其他人行使权力的人。领导分为工具型领导和表意型领导，前者注重组织任务的顺利完成，后者注重群体的团结和维持群体的协调。自发性群众体育组织的领导者，往往是表意型领导。目前，我国的自发性群众体育中的组织者多为组织内部推选出来的具备一定威信力的组织成员。组织的活动频率与凝聚力往往取决于活动项目的普适性和负责人的号召力，负责人或召集人对社团投入的时间和精力是决定该社团发展规模及兴旺程度的重要因素。

对自发性群众体育组织的研究，要突破之前体育管理体制改革传统和固有理论，要与我国目前公民社会的发展水平和社会民间组织发展水平相适应。对自发性群众体育组织中骨干的培养工作主要包括：举办短期管理培训班、短期技能培训班，组织外出参观学习，聘请专家指导以及鼓励体育骨干业余进修等。但这些措施往往局限性较强，除了国家承认的社会体育指导员培训工作的经费是从体育彩票公益金中抽取以外，自发性的群众体育组织骨干则往往需要自费参与一些提高技术技能的课程培训。

社区内的群众体育健身组织已经成了社区管理的重要工作之一。居委会有些需要下达的通知经常会通过这些自发性群众体育组织的组织者传达，这些组织者已经成为社区管理的重要力量，对于维持社区内的安全稳定起到了越来越重要的作用。

在天涯论坛户外运动版，有网友总结了作为一名“驴友”组织中的组织者以及参加者的权利和义务，关于头驴资格、权利、义务的有关要求见表7–18。

表7–18　头驴的资格、义务、权利

项目	内容
头驴的资格	（1）所谓头驴，指带队出游的驴子。感谢你加入头驴的队伍，为众驴带路。你所做的一切没有金钱上的和物质上的报酬 （2）你必须乐于奉献你的时间和精力，组织活动并非带驴子出门，众驴子跟着你走那么简单。安排线路、关注天气、走之前确认人员和装备、把驴子带出去再带回来，为了这一切，你要牺牲很多出游的痛快感受 （3）你参加过多次比要带队伍规模更大、难度更高的活动。比如说要带20人，你至少参加过几次20人以上的活动，带过10人以下的队伍。带队走标准级的线路，你至少自己走过几次挑战级的线路
头驴的权利	（1）你有权利安排线路、出发时间和行程 （2）你有权利根据安排限制参加活动的最多人数 （3）你有权利出于安全原因控制参加活动的男女性别比例 （4）你有权利出于安全原因劝阻不适合的人员参加该次活动 （5）你有权利要求参加活动的人员自己准备装备 （6）你有权利在活动中根据天气、队员状态修改活动计划 （7）你有权利要求队员在活动过程中听从安排 （8）你有权利在活动前要求大家预付活动中将支付的费用 （9）你有权利安排为参加活动的人员统一购买适当的保险

续表

项目	内容
头驴的义务	（1）你有义务保障每一个参加活动人员的安全 （2）你有义务根据活动难度级别在出行前对线路和时间做充分准备以保障活动安全 （3）你有义务根据报名的先后顺序接纳参加活动的人员（不适合活动的除外） （4）你有义务在召集活动时说明活动的难度级别，便于参加人员选择 （5）你有义务在活动召集时说明活动的时间、线路安排、装备要求等信息 （6）你有义务在活动过程中提醒大家注意环保 （7）你有义务保密因活动所需要而搜集的个人信息（真实姓名、性别、通信方式、身份证号码等），所有信息仅用于该次活动 （8）你有义务依据费用AA制的原则召集活动 （9）你有义务在活动结束后公开账务

这些网络自发性群众体育组织存在的问题很明显，因组织活动都需要组织者提前计划活动所需经费以及收取方式，通过调查得知在一些网络自发性群众体育组织中存在组织者利益化的情况，即有些组织者会中饱私囊或为个人经济利益而组织活动，这在一些户外运动旅游组织中表现得最为明显。

六、组织活动的科学指导

（一）自发性群众体育组织指导缺失

政府提供公共体育服务的一个重要内容就是提供体育健身活动技能培训和指导，通过对不同类型自发性群众体育组织的调查发现，绝大多数的组织都渴望得到相应的体育运动技术技能培训和指导，单纯依靠组织者对组织成员进行技术技能的教授往往是不够的。

综上所述，学生自发性群众体育组织大多缺少专业的指导教师。即便是在体育院校中，能够为学生体育社团服务的教师也是少之又少。追究其深层原因是教师对学生体育社团的指导缺少相应的制度化约束和保障，对学生社团进行指导大多是出于教师的自愿行为，因此很难形成常规性的指导机制。

（二）社会体育指导员

社会体育指导员是最基层的体育工作指导人员，他们往往是自发性群众体育组织中的核心人物。《社会体育指导员管理办法》中明确指出，社会体育指导员，是指不以收取报酬为目的，向公众提供传授健身技能、组织健身活动、宣传科学健身知识等全民健身志愿服务，并获得技术等级称号的人员。

七、灵活多样的规章制度

自发性群众体育组织中的组织规章制度，往往是以不成文的一种口头默许存在，组织成员通过咨询和观察，来了解和熟悉一个自发性组织内部的规制，并且通过个体行为对组织现有的规制产生影响。一个组织制度化的过程，往往是经过一段时间的摸索和适应逐步形成的，这其中既包括组织的规章制度、运行模式的调整，也包括组织成员之间的互相适应。组织的制度化在一定程度上促进了组织目标的有效达成，但过度僵硬的制度会导致组织运作的灵活性变差。为了保障自发性群众体育组织发展的活力，要避免组织过度制度化发展，因此要建立一种灵活多样的、可以较好满足组织成员进行体育运动需要的组织制度。同时，要尽可能地发挥组织制度的积极作用而避免其消极影响。

第三节　自发性群众体育组织的发展趋势

一、制约我国自发性群众体育组织发展的因素

自发性群众体育组织中存在多种问题，外部多集中在如何协调政府体育管理部门和自发性群众体育组织的关系上，内部则多集中在组织发展面临的人力、财力和物力的缺乏以及松散的组织结构如何保证组织发展的稳定性等方面。

（一）我国处于公民社会入门阶段

公民社会在全球化背景下已经成为潮流和趋势，但是也要清晰地认清目前我国公民社会存在的问题和不足。最显著的体现就是在20世纪80年代以来的全球化社团革命进程中，大多数发展中国家暴露出来的、以权威主义主导并推行的发展模式遇到了极大的障碍和危机，政治腐败、社会动荡，经济停滞、两极分化等问题导致政权处于深刻的危机中，广大发展中国家面临着发展的危机和“现代化困惑”。我国目前尚未形成完整意义上

的公民社会。

（二）自发性群众体育组织自身较少占有社会资源

基层群众体育组织发展过程中也遇到过很多困难，主要集中在人、财、物的不足上，甚至软硬件条件的不足已经影响到我国基层体育组织的数量。政府对自发性群众体育组织的扶持政策大多停留在理论层面，向社会购买公共体育服务的行为还没有落到实处。

在我国民间广泛存在的自发性群众体育组织，在建立之初都是秉持自发组成、自愿参加的原则，具有非正式小团体的特征。调查采访得知，随着组织规模的逐步发展，组织成员数目的增多，组织活动的规律性开展，组织规章制度的完善，很多自发性群众体育组织的组织者都表示，非常想扩大本组织的规模。但是实现这个目标面临着多方面的困难：第一，需要有赞助者保证活动场地和活动率的稳定性；第二，要有相对专业的管理员来运营组织；第三，要不断参与一些业余联赛，增加组织的知名度。

（三）自发性群众体育组织难以脱离政府全民健身体系

我国的基层群众体育组织虽然在客观上承担了政府公共体育服务的职能，但并未摆脱政府而独立存在，这些组织作为全民健身网络体系的根基，始终受到政府在政策、资金、资源上的掌控，这也是自发性群众体育组织发展的中国特色。目前，我国的群众体育工作的开展，主要是依托国家的全民健身工作体系。全民健身工作是一种政府行为，自发性群众体育组织是社会行为，一个是自上而下，一个是自下而上。后者可以充分利用前者提供的各种支持性政策、措施，以及提供的场地设施开展活动，在目前的国情下，后者仍然需要以前者作为依靠。从另一个角度看，要充分利用全民健身体系为自发性群众体育组织服务，促进其向着科学化、组织化、规模化、规范化方向发展。

（四）对庞大数量的自发性群众体育组织的管理存在难度

体育健身的组织与管理是指体育健身活动系统的管理者，为保证体育健身活动的正常进行，实现体育健身活动的既定目标，对体育健身活动所进行的安排、控制等过程，其实质是对各种与开展体育健身活动有关的要素和资源，如人、财、物等进行合理的计划、协调与控制，以求充分利用这些资源的潜力，实现体育健身活动总体目标。

1. 组织类型界定的复杂性

自发性群众体育组织和职工体育组织、学校体育组织、部队体育组织以及社区体育组织等类型的群众性运动健身组织的界限划定并不是非常明显，其系统的边界存在一定的模糊性，这些组织随时会出现相互转化。这既体现了自发性群众体育组织形态灵活的特征，也是对其进行管理的一大难点。

2. 不同组织之间的差异性

自发性群众体育组织存在广泛，发展历史悠久，有着深厚的群众基础，并形成了因地制宜的组织模式。不同地区的自发性群众体育组织的特点同当地的政治、经济、文化特征相适应，产生了各自不同的规模特征和运作模式，因此对自发性群众体育组织进行管理，需要考虑不同组织之间的差异性，进行区别对待。

3. 不同管理者管理的出发点不同

以社区居民自发组织的健身训练活动点为例，对其进行管理的主体包括当地的体育局、社区所属的居委会、小区的物业公司等，不同管理者的立场不同。体育行政部门在管理上更注重宏观管理和组织宣传工作，制订出群众体育组织的管理方法，对社会体育指导员进行选拔和培训，为了提高居民的身体素质、调动居民开展体育活动而举办各种类型的全民健身活动。居委会和物业公司则更注重协调控制居民有组织的健身活动的时间和规模，维持本地区内的安全和稳定，并且负责具体的细节管理工作，对组织活动的时间、地点、负责人、活动者、收费等进行登记，并为组织活动解决很多具体困难。综合来看，社区中的自发性群众体育组织的管理工作主要是居委会负责，当地的体育管理部门进行宏观指导。

4. 管理的效能问题

经调查，大部分的自发性群众体育组织从创建到运行，都是处于一种自我管理的状态，较少得到外界资源的扶持，也几乎不受外部建制的制约。特别是在2008年北京奥运会之前，中国体育管理体制中存在重竞技体育、轻群众体育的事实，自发性群众体育组织能够获得的体育资源相对较少，而当时已有许多存在多年且稳定的自发性群众体育组织，由此可见其具备较强的生命力，如果盲目对其进行管理有可能会起到相反的作用。

二、自发性群众体育组织承担公共体育服务职能

自发性群众体育组织是群众体育享受公共服务的基础，是连接政府和群众的桥梁和纽带，只有通过不断地优化组织框架，才能促进组织自我管理、自我约束、自我发展。从组织者、组织方式、组织内容、组织经费等方面进一步完善，才能促进我国系统的、网络化的全民健身体系的完善，真正发挥自发性群众体育组织的优势和作用，为全民健身事业服务。政府购买公共服务是在公共财政、新公共管理、新公共服务等理论与实践的共同作用下，不断发展起来的一种利用市场手段有效提供公共产品的模式，并日益成为公共产品市场化提供的重要方式。近年来，自发性群众体育组

织承担了许多原来由政府承担的社会公共体育服务，有效弥补了政府在体育公共服务领域的不足，给大众群体尤其是弱势群体提供了大量的服务，整合和利用了大量的民间资源，提高了公共体育服务的供给效率，满足了公众多元化的体育需求，这就要求自发性群众体育组织和政府形成一种合作关系。

一个良性运作的服务性政府通过体育组织为社会提供公共体育服务，在体育公共服务倡导均等化发展的今天，自发性群众体育组织成为政府和民众之间的纽带，如图7-1所示。

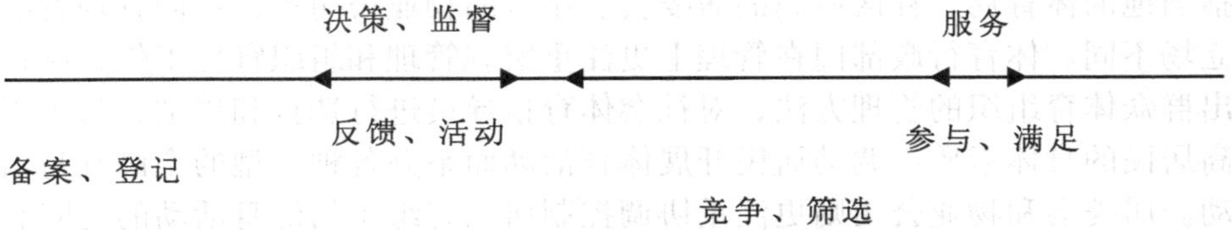

图7-1 政府、自发性群众体育组织和民众的关系

（一）自发性群众体育组织的社会职能

要实现大众体育的社会化管理，将大众体育视为一项社会公共事务由社会团体运用市场手段或者行政手段进行管理，必须要有较为完善的法律、经济和文化方面的政策和制度作为保障。建立适合于本国国情的大众体育发展方式，是一个逐步探索的过程。要做到既保证大众体育的社会公益事业特征，又充分利用社会资源发展非营利性的社会组织；既严格大众体育社团的审批和监督，又为其发展提供各方面硬件保障和政策保障；既做到权力的下放，充分保障大众体育社团的自治地位，又做好宏观的宣传和发展引导。鉴于目前的体育管理体制改革的进程以及社会公民化的发展程度，自发性群众体育组织向真正意义上的大众体育社团组织的发展尚处于起步阶段，面临艰巨的发展道路。

（二）群众体育领域政府职能的让渡

中国公民社会的形成可以通过三条路径实现，分别是直接让渡、给予部分空间和合作发展。在实现途径的选择上，应该针对不同类型的社会组织来选择不同的模式。例如，在不涉及国家公共安全和社会基本保障的领域，政府可直接让渡部分公共管理职能给社会组织，这不仅可以最大限度地实现社会组织功能的最大化，而且有利于政府职能社会化改革的推行。但在实施领域的选择上要非常慎重，这需要对社会组织的运行水平和管理模式进行较为细致的考核，并针对不同地域的不同实际情况，选择合适的领域让渡政府职能。政府还可以采取逐步让渡职能的方式，先为这些公民社会组织让渡出一定的发展空间，通过竞争和优胜劣汰的方式选择出适合社会需要的组织，并为其发展提供扶持政策，帮助其更好地成长，以承担更大的社会职责。

综上所述，要做到群众体育领域的公共管理职能的下放，充分利用自发性群众体育组织灵活自主、富有活力的特点，很重要的一点就是要形成良好的组织发展环境，政府要提供更有力的政策支持，在管理模式上实现经费来源的多元化，切实落实公共财政投入，推动政府在社会体育管理模式上的转型。只有这样，才能从根本上改变现在自发性群众体育组织所处的尴尬境地，使其同政府之间的依附关系转为互助合作的关系。

参考文献

[1] 许箫迪 . 协同创新系统与政府职能转变 [M]. 南京：南京师范大学出版社，2016.

[2] 范柏乃，张鸣 . 加快政府职能转变的实现路径：四张清单一张网 [M]. 杭州：浙江大学出版社，2016.

[3] 王凯珍，汪流，戴俭慧 . 体育社会组织建设与管理 [M]. 北京：高等教育出版社，2016.

[4] 田宝山 . 体育社会组织建设与群众体育实践探索 [M]. 北京：中国原子能出版社，2017.

[5] 修琪 . 公民社会视野下自发性群众体育组织研究 [M]. 济南：山东大学出版社，2015.

[6] 王名，等 . 社会组织与社会治理 [M]. 北京：社会科学文献出版社，2014.

[7] 徐家良，廖鸿等 . 中国社会组织评估发展报告（2013）[M]. 北京：社会科学文献出版社，2013.

[8] 郭亚飞，刘炜 . 社会体育学 [M]. 北京：北京师范大学出版社，2012.

[9] 徐家良 . 社会团体导论 [M]. 北京：中国社会出版社，2011.

[10] 马庆钰等 . 社会组织能力建设 [M]. 北京：中国社会出版社，2011.

[11]郑琦 . 论公民共同体——共同体生成与政府培育作用研究[M]. 北京: 中国社会出版社，2011.

[12] 黄晓勇 . 中国民间组织报告（2008）[M]. 北京: 社会科学文献出版社，2008.

[13] 王名 . 社会组织概论 [M]. 北京：中国社会出版社，2010.

[14] 韩松 . 我国草根体育 NPO 发展困境及出路的探析 [D]. 北京：北京体育大学，2010.

[15] 陆明远 . 培育与规制 [M]. 天津：天津人民出版社，2010.

[16] 丛宁丽 . 发达国家体育志愿者研究 [M]. 北京：人民体育出版社，2009.

[17] 李相如，苏明理 . 全民健身导论 [M]. 北京：高等教育出版社，2008.

[18] [美] 戴维・波普诺 . 社会学 [M]. 李强，译 . 北京：中国人民大学出

版社，2007.

[19] 邓国胜等 . 民间组织评估体系：理论、方法与指标体系 [M]. 北京：北京大学出版社，2007.

[20] 何培森 . 体育体制转型期非营利组织与体育社团改革 [M]. 长沙：中南大学出版社，2006.

[21] 齐中英，朱彬 . 公共项目管理与评估 [M]. 北京：科学出版社，2004.

[22] 李建国，吕树庭，董新光 . 社会体育 [M]. 北京：人民体育出版社，2004.

[23] 王名，刘培峰等 . 民间组织通论 [M]. 北京：时事出版社，2004.

[24] 王思斌 . 社团的管理与能力建设 [M]. 北京：中国社会出版社，2003.

[25] 卢元镇 . 社会体育学 [M]. 北京：高等教育出版社，2002.

[26] 邓国胜 . 非营利组织评估 [M]. 北京：社会科学文献出版社，2001.

[27] 任进 . 权力清单和负面清单的法治意义 [N]. 学习时报，2014-2-7.

[28] 周结友 . 体育社会组织承接政府职能转移中存在的问题及对策 [J]. 体育学刊，2014，21（5）：36-42.

[29] 汪流 . 草根体育组织与政府关系向度研究 [J]. 西安体育学院学报，2014（1）：6-10.

[30] 赵子江 . 我国体育民间组织概念及分类研究述评 [J]. 首都体育学院学报，2013，25（1）：11-14.

[31] 戴俭慧，高斌 . 政府购买体育公共服务的行为分析 [J]. 体育学刊，2013（2）：35-38.

[32] 陈芳，袁建伟 . 体育社会组织在开展全民健身活动中的作用 [J]. 体育研究与教育，2012（2）：10-12.

[33] 宋雅琦 . 我国城市社区自发性群众体育组织研究 [D]. 北京：体育大学，2011.

[34] 谢洪伟 . 试论非营利体育组织的社会责任 [J]. 成都体育学院学报，2011，33（8）：9-13.

[35] 汪流，李捷 . 社区草根体育组织：生存境遇及未来发展 [J]. 武汉体育学院学报，2011（2）：17-21.

[36] 汪流，李捷 . 北京市体育社会组织发展现状与对策 [J]. 体育文化导刊，2010（8）：1-5.

[37] 王凯珍，汪流，黄亚玲，等 . 全国性体育社团改革与发展研究——基于学理层面的思考 [J]. 天津体育学院学报，2010（1）：6-9.

[38] 王广强．高校学生自发性体育社团的组织与管理 [J]. 内江科技，2010（3）：1-1.

[39] 邱庸峰．我国政府与非营利体育组织的信任关系研究 [D]. 南京：南京师范大学，2010.

[40] 姚丽华．高校体育场馆多元化会民健身服务体系研究 [J]. 安阳工学院学报，2009（4）：104-107.

[41] 汪流．我国体育类民间组织未来发展的思考 [J]. 社团管理研究，2008（3）：35-38.

[42] 陈文胜．基于模糊多属性决策的体育志愿者组织绩效的评价 [J]. 决策参考，2009（22）：73-75.

[43] 孟凡强．自发性群众体育组织内部成因的社会心理学诠释 [J]. 乌鲁木齐成人教育学院学报，2008（4）：104-108.

[44] 刘欣然．现代社会中的体育非营利组织及其作用 [J]. 吉林体育学院学报，2007（1）：18-19.

[45] 贾西津. 中国公民社会发育的三条路径[J]. 中国行政管理，2003（3）：22-23.

[46] 苗大培. 构建我国体育志愿组织的理论探讨[J]. 体育科学，2004（9）：4-7.

[47] 肖嵘．体育社团组织中的志愿者及其管理 [J]. 天津体育学院学报，2005（4）：17-18.

[48] 刘东锋，杨蕾．我国非政府体育组织的需求与供给 [J]. 成都体育学院学报，2005（6）：27-30.

[49] 谢海定．中国民间组织的合法性困境 [J]. 法学研究，2004（2）：17-34.

[50] 宛丽，罗林．体育社团的合法性分类及发展对策 [J]. 北京体育大学学报，2001（24）：155-157.

[51] 徐焕新，董新光．构建群众性的多元化体育服务体系中社会弱势群体问题的研究 [J]. 山东体育学院学报，2003（4）：1-5.

[52] 马志和．非营利体育组织发展前瞻：一个市民社会的视角 [J]. 天津体育学院学报，2003（2）：59-61.

[53] 崔丽丽，王炜．中国体育社团研究（综述）[J]. 山东体育学院学报，2002（1）：35-36.

[54] 张康之. 评政治学的权利制约思路[J]. 中国人民大学学报，2000（2）：66-74.

[55] 陈泽兵．社会转型与我国民间体育组织的发展研究 [J]. 成都体育学

院学报，2000（28）：27–29.

[56] 王建芹 . 从自愿到自由：近现代社团组织的发展演进 [M]. 北京：群言出版社，2007.

[57] 高丙中，袁瑞军 . 中国公民社会发展蓝皮书 [M]. 北京：北京大学出版社，2008.

[58] 苏欣 . 群众体育的组织与管理 [M]. 沈阳：东北大学出版社，2009.